Wolfgang Hauer

Fische räuchern, beizen & grillen

stv

Wolfgang Hauer

Fische räuchern, beizen & grillen

Tischräuchern, Ofenbau und vieles mehr

Leopold Stocker Verlag
Graz – Stuttgart

Umschlaggestaltung: DSR | Werbeagentur Rypka GmbH, 8143 Dobl/Graz
Titelbild: Christian Strobl Photography

Bildnachweis:
Die Fotos und Grafiken im Textteil wurden vom Autor zur Verfügung gestellt.
Im Rezeptteil: Zeitschrift „Kochen und Küche“ auf den Seiten 147, 148, 154, 157, 158.

Bibliografische Information der Deutschen Nationalbibliothek
Die Deutsche Nationalbibliothek verzeichnet diese Publikation in der Deutschen Nationalbibliografie; detaillierte bibliografische Daten sind im Internet unter http://dnb.d-nb.de abrufbar.

Hinweis: Dieses Buch wurde auf chlorfrei gebleichtem Papier gedruckt. Die zum Schutz vor Verschmutzung verwendete Einschweißfolie ist aus Polyethylen chlor- und schwefelfrei hergestellt. Diese umweltfreundliche Folie verhält sich grundwasserneutral, ist voll recyclingfähig und verbrennt in Müllverbrennungsanlagen völlig ungiftig.

Auf Wunsch senden wir Ihnen gerne kostenlos unser Verlagsverzeichnis zu:
Leopold Stocker Verlag GmbH
Hofgasse 5 / Postfach 438
A-8011 Graz
Tel.: +43 (0)316/821636
Fax: +43 (0)316/835612
E-Mail: stocker-verlag@stocker-verlag.com
www.stocker-verlag.com

ISBN 978-3-7020-1806-1

Layout und Repro: DSR | Werbeagentur Rypka GmbH, 8143 Dobl/Graz
Druck: Livonia Print SIA, Lettland

INHALT

VORWORT

Als ich im Jahre 2000 dieses Buch über das Räuchern und Beizen von Fischen schrieb, ahnte ich noch nicht, dass dies eines meiner erfolgreichsten Bücher werden würde. Mittlerweile ist die völlig neu überarbeitete Auflage erschienen. Nach wie vor ist der persönliche Kontakt zu vielen Angelfischern, Geräteherstellern, Fischzüchtern, Teichwirten und Berufsfischern vorhanden. Er bildet eine wesentliche Grundlage, um praktische Erfahrungen zu sammeln und diese in mein Buch einfließen zu lassen. Das Grundprinzip des Räucherns an sich ist relativ einfach und hat sich im Laufe der Jahre kaum verändert. Dennoch gibt es heute viele Möglichkeiten, um das Endprodukt Räucherfisch noch delikater zuzubereiten und ansprechender zu gestalten.

Es gibt wohl kaum zwei „Räuchermeister“, die den genau gleichen Räuchervorgang praktizieren. Auch wenn die Abweichungen oft nur gering erscheinen, so verleiht doch jeder seinem Räucherfisch eine persönliche Note.

Dieses Buch ist auf der Basis vieler Erfahrungen entstanden und soll Richt- und Erfahrungswerte als Hilfestellung für Einsteiger und Fortgeschrittene beim Räuchern geben. Es soll aber auch inspirieren und Lust auf eigene, neue Variationen machen.

Als mich der Verlag im Jahre 2018 um eine weitere Überarbeitung bat, war mir bewusst, dass sich das Grundprinzip des Räucherns als solches nicht verändert hatte. Dennoch gab es wesentliche Änderungen seit der letzten Auflage meines Buches: vor allem im Zusammenhang mit dem Thema Lebensmittelsicherheits- und Verbraucherschutzgesetz, dieses wichtige Kapitel wurde von Frau Veronika Stabauer, MMSc freundlicherweise auf den aktuellen Stand gebracht. Dafür und für die wertvolle Hilfe bei der Überarbeitung der Neuauflage möchte ich mich ganz herzlich bedanken.

Neben dem bewährten Aufbau meines Buches wurde das Kapitel „Zum Räuchern geeignete Meeresfische, Krustentiere und Muscheln“ deutlich erweitert und auch die häufigsten Räucherpannen und deren Ursachen behandelt.

Mein besonderer Dank gilt Walter Grüll, dem bekannten Störzüchter aus Grödig bei Salzburg. Er und sein erstklassiges Team teilten mit mir ihren enormen Erfahrungsschatz bei der Verarbeitung von Meeresfischen, Stören, Schalen- und Krustentieren. Ein professioneller Bauplan für einen stilvollen Räucherofen mit Holzfeuerung soll zum Nachbau und zum Experimentieren anregen, er wurde vom Kärntner Huchenexperten Wolfgang Kogler extra für dieses Buch angefertigt. Von FM Andreas Nägler stammen zahlreiche neue Ideen zum Würzen und Dekorieren von Räucherfischen. Weitere Tipps und wertvolle Hinweise sowie neue, aber dennoch erprobte Rezepte ergänzen die überarbeitete Auflage. Für ihre freundliche Unterstützung möchte ich mich bei den Firmen FAIE, Finnwerk, Hrastinger, Jenzi, Feldmann, Grassl aus Berchtesgaden sowie bei der Fischzucht Kärnten Fisch in Feld am See, FM Helfried Reimoser SPOFIZE in Werndorf, FM Franz Lahmer in Linz, und Frau FM Monika Trawöger vom Traunsee bedanken.

Fischereimeister Wolfgang Hauer
Scharfling, April 2019

EINLEITUNG

Ob selbst gefangen, beim Teichwirt, am Fischmarkt oder im Geschäft als frische Ware erworben – wer Fische erst einmal selbst geräuchert und noch warm auf den Tisch gebracht hat, wird diesen Genuss erst richtig zu schätzen wissen. Schon der würzige Geruch des Rauches und die Vorbereitungen beim Räuchern lassen ein romantisches Flair entstehen und erzeugen Lust auf die „vergoldeten Produkte". Neben der genauen Anleitung zum Selberräuchern beschreibt dieses Buch auch den Selbstbau von Räuchergeräten. Immer beliebter wird auch das einfache und schnelle Tischräuchern in geselliger Runde. Die auf diese Weise frisch geräucherten Fische oder deren Filets liegen schon nach etwa 25 Minuten warm zum Genuss auf dem Teller. Eine überaus beliebte Delikatesse, nämlich der Graved Lachs, lässt sich mit dem entsprechenden Know-how ebenso ohne großen Aufwand selbst herstellen. Übrigens, nicht nur Lachs lässt sich auf diese Weise zubereiten.

Aber auch das Grillen von Fischen bzw. Steckerlfischbraten wird immer beliebter. Egal ob im kleinen Kreis oder bei Veranstaltungen, über der Glut gegrillte Fische sind eine Delikatesse und schaffen ein stimmungsvolles Ambiente. Um Fische erfolgreich zu grillen, ist aber ein entsprechendes Grundwissen notwendig, deshalb werden in diesem Buch verschiedene Varianten der Zubereitung vorgestellt.

In der Vergangenheit waren es noch hauptsächlich die Berufsfischer an den großen Seen und Flüssen sowie die großen Forellenzüchter, die ihre Fische durch Räuchern veredelten. Heute erfreut sich das „Vergolden" von Fischen durch den Rauch immer breiterer Beliebtheit. Gerade die Angelfischer, ob als „Einzelgänger" oder in Vereinen organisiert, veredeln ihre schuppigen Fänge in zunehmendem Maße durch Räuchern oder Grillen. Aber auch Hobbyteichwirte und Fischesser generell nehmen die delikate Zubereitung ihrer Fische mittlerweile selbst in die Hand. Ich selbst konnte meine Erfahrungen im Räuchern und Grillen von Fischen in jahrzehntelanger Praxis als begeisterter Fischer in Österreich und ganz Europa sammeln. Bei meiner beruflichen Tätigkeit am Bundesamt für Wasserwirtschaft in Scharfling konnte ich meine Erfahrungen vertiefen und im Rahmen von Berufsausbildungskursen weitergeben. Dennoch gibt es zum Thema Fische räuchern und grillen immer wieder neue Ideen, die es wert sind, ausprobiert zu werden. Bleiben Sie also neugierig.

Ihr Wolfgang Hauer

DER FISCH ALS LEBENSMITTEL

von Tierarzt Mag. Thomas Weismann

DIE WICHTIGSTEN INHALTSSTOFFE

Der Fisch ist ein ernährungsphysiologisch hochwertiges Nahrungsmittel für den Menschen. Er gilt als besonders gesund und wird auch in der Diätküche gezielt eingesetzt.

Die Zusammensetzung des Fischfleisches ist von verschiedenen Faktoren abhängig: z. B. Fischart, Alter, Geschlecht, Ernährung, Reifezyklus, Jahreszeit, Lebensraum oder Wassertemperatur.

Wasser

60–80 % in der Muskulatur, je nach Fettgehalt. Hoher Wassergehalt bedeutet aber auch leichte Verderblichkeit.

Bindegewebe

Sehr geringer Anteil (ca. 2 %) in der Muskulatur im Vergleich zum Säuger (13–15 %); daher leichte Verdaulichkeit. Als Diät bei Magenerkrankungen geeignet.

Eiweiß

Wichtigster Körperbaustoff. Hohe biologische Wertigkeit durch ein günstiges Aminosäurenmuster und den Gehalt an allen für den Menschen essentiellen Aminosäuren (z. B. Lysin, Histidin); leicht verdaulich.

Fett

Wichtigster Energieträger; Träger fettlöslicher Vitamine (Vitamin A, Vitamin E u. a.). Erhebliche Schwankungen im Fettgehalt, abhängig von den oben genannten Faktoren. Man unterscheidet Fettfische (Fettgehalt › 10 %; z. B. Aal, Reinanke, Lachs), mittelfette Fische (1–10 %; z. B. Forelle, Saibling, Karpfen) und Magerfische (‹ 1 %; z. B. Hecht, Schleie, Zander).

Hoher Gehalt an mehrfach ungesättigten Fettsäuren (PUFA), insbesondere Ome-

Fisch gehört zu den gesündesten Lebensmitteln auf unserem Teller.

ga-3- und Omega-6-Fettsäuren, besonders günstiges Fettsäuremuster und Lieferant wichtiger essentieller Fettsäuren (z. B. Linolsäure).

Fischfett zählt dadurch zu den hochwertigsten Fetten in der menschlichen Ernährung. Vorbeugung und Diät bei Herz-Kreislauf-Erkrankungen (Infarkt- und Arterioskleroseprophylaxe) durch positive Beeinflussung von Blutdruck, Blutfetten und Blutgerinnungsfaktoren.

Leichte Verderblichkeit.

Kohlenhydrate

Sehr geringer Anteil, daher ist Fisch geeignet als Diabetikerdiät.

Vitamine

Fisch ist ein guter Lieferant von Vitamin A und Vitamin D (Muskulatur von Fettfischen; Leber der Aalrutte), von Vitamin E, auch Vitamin B_1; Vitamin C ist bei Fisch jedoch ohne Bedeutung.

Mineralstoffe, Spurenelemente

Vielfältige und wichtige Funktionen z. B. als Bestandteil von Gerüstsubstanzen, Körperflüssigkeiten, Enzymen, Hormonen u. v. m.

- **Natrium (Na):** geringer Gehalt; geeignet als streng Na-arme Diät bei Nierenerkrankungen.
- **Kalium (K):** hoher Anteil.
- **Kalzium (Ca):** Muskelfleisch ist Ca-arm, knöcherne Anteile sind reich an Ca.
- **Phosphor (Ph):** reichlich in knöchernen Gewebeteilen.
- **Magnesium (Mg):** mäßiger bis guter Anteil.
- **Spurenelemente:** Fischfleisch ist im Allgemeinen eine mäßige Quelle; Muscheln und Krebse sind reich an Kupfer (Cu); marine Fische gute Lieferanten von Fluor (F) und Jod (J).

Wegen des hochwertigen Fettsäuremusters eignen sich Fische besonders gut für Herz-, Kreislauf- und Gefäßsystempatienten.

SCHADSTOFFRÜCKSTÄNDE

Schadstoffe können durch falsche Behandlung und Lagerung im Lebensmittel auf natürliche Weise entstehen (z. B. bakterielle Toxine) oder durch bestimmte Zubereitungsmethoden (z. B. Benzpyrene bei gegrillter und geräucherter Ware) in den Fisch gelangen. Weiters kennen wir umweltbedingte Schadstoffe (z. B. Schwermetalle, Pestizide, Weichmacher, Dioxin, radioaktive Substanzen), die sich über die Nahrungskette im Fisch anreichern können. Letztere spielen jedoch bei Fischen aus der Aquakultur bzw. aus unseren heimischen Gewässern keine oder nur eine geringe Rolle. Schließlich müssen auch Rückstände aus unsachgemäßer oder verbotener medizinischer Behandlung der Fische genannt werden (z. B. Antibiotika, Malachitgrün).

RECHTLICHES

von Veronika Stabauer, MMSc

DAS LEBENSMITTELSICHERHEITS- UND VERBRAUCHERSCHUTZGESETZ

Bevor man zum Eigentlichen, dem Räuchern der Fische, schreiten kann, muss noch einiges an Vorarbeit erfolgen. Zunächst sollte man sich jedoch darüber im Klaren sein, dass hier ein Lebensmittel hergestellt bzw. verarbeitet wird. In diesem Zusammenhang erfolgt ein kleiner Exkurs in die jeweiligen Lebensmittelrechte.

Wie im Vorgängerbuch bereits festgehalten, sind mit In-Kraft-Treten des österreichischen Lebensmittelsicherheits- und Verbraucherschutzgesetzes (im weiteren LMSVG genannt) alle bis dahin geltenden Rechtsvorschriften erloschen (u. a. z. B. die Fischhygieneverordnung). Die nationalen Lebensmittelgesetze unterliegen dem EU-Recht (EU 2002).

Betäubung und Schlachtung

In der Fassung des **österreichischen LMSVG** vom 10.01.2018 ist unter dem Punkt Schlachttier und Fleischuntersuchung festgehalten, dass geschlachtete Tiere, die für den menschlichen Genuss verwendet werden sollen, einer Untersuchung unterliegen müssen (nur für gewerbliche Inverkehrbringer). Die Leitlinie für gute Hygienepraxis für die Schlachtung und Verarbeitung von Fischen aus Wildfang oder eigener Aquakultur (herausgegeben vom Bundesministerium für Gesundheit) nutzt die LMSVG und die Tierschutzverordnung als Rechtsgrundlagen und gilt für Betriebe, die Fische aus Wildfang oder eigener Produktion in ihrem Unternehmen schlachten und diese direkt an den Endverbraucher abgeben.

Hier ist zur Betäubung und Schlachtung u. a. festgehalten, dass die Betäubung und Tötung durch Kopfschlag, Betäubung durch Strom in der Wasserbadanlage und anschließende Tötung durch Kopfschlag oder Stich in Nacken oder Herz zu erfolgen hat.

In der **deutschen Tierschutz-Schlachtverordnung** ist weiterhin zur Betäubung die Kohlendioxidexposition von Salmoniden und die Verabreichung eines Stoffes mit Betäubungseffekt (ausgenommen Stoffe wie Ammoniak, die gleichzeitig dem Entschleimen dienen) festgehalten. Demnach dürfen Fische nur getötet bzw. geschlachtet werden, nachdem sie fachgerecht und wirksam betäubt wurden. Das ist ebenso in der deutschen Tierschutz-Schlachtverordnung so festgehalten.

Ausgenommen sind Plattfische (durch einen schnellen Schnitt, der Kehle und Wirbelsäule durchtrennt) und Aale (wenn höchstens bis 30 Tiere pro Tag gefangen und verarbeitet werden (Deutschland) bzw. wenn nicht gewerbsmäßig gefangen wird (Österreich); Aale werden mit einem die Wirbelsäule durchtrennenden Stich dicht hinter dem Kopf und sofortiges Ausnehmen geschlachtet). Diese dürfen ohne vorherige Betäubung geschlachtet oder getötet werden. Für Elektrobetäubung von Aalen sind Angaben über Leitfähigkeit und jeweilige Stromdichte festgehalten (Deutschland, Österreich). Für die Betäubung anderer Fischarten sind laut der österreichischen Tierschutz-Schlachtverordnung die aktuellen Empfehlungen des OIE (Weltorganisation für Tiergesundheit) einzusehen.

Hälterung

Die beiden **Tierschutzverordnungen (Deutschland, Österreich)** sind, was die Hälterung von Fischen angeht, **fast wortident**. Die österreichische Tierschutz-Schlachtverordnung gibt außerdem noch für Forellen, Karpfen, Aale, Welse und Hechte die Wassertemperatur, den pH-Wert, den mindestens einzuhaltenden Sauerstoffgehalt, die Hälterungsdauer sowie die maximalen Besatzdichten und Schutzvorkehrungen vor. Die deutsche Tierschutz-Schlachtverordnung gibt zusätzlich an, dass an Endverbraucher Fische nicht lebend abgegeben werden dürfen.

Übersichtstabelle Hältern in Österreich

	Forellen	Karpfen	Aale	Welse	Hechte
Temperatur	5–11 °C	10–15 °C	10–15 °C	10–15 °C	10–15 °C
pH-Wert	6,5–8	6,5–8,5	6,5–8,5	6,5–8,5	6,5–8,5
min. O_2-Gehalt am Ablauf	6,7 mg/l	5 mg/l	5 mg/l	5 mg/l	5 mg/l
Hälterungsdauer	10 Tage	4 Wochen	4 Wochen	4 Wochen	10 Tage
max. Besatzdichten kg/1000 l	50 kg	200 kg	200 kg	100 kg	50 kg
besondere Schutzvorkehrungen	-	-	Zu- und Ablauf sichern	abdunkeln	-

Herstellungsablauf

Im Herstellungsablauf für frischen Fisch und für Räucherfisch bzw. Produkte aus Räucherfisch wird neben der Tätigkeit auf kritische Punkte hingewiesen und eine Vorgabe zur Orientierung (z. B. Salzkonzentration, Temperatur beim Räuchern, hygienische Lagerung, Lagertemperatur und Dauer) angeführt.

Wie oben bereits erwähnt, muss die Sicherheit der erzeugten Lebensmittel durch Untersuchungen gewährleistet werden. Bei Fischereierzeugnissen ist daher eine Untersuchung vor und nach der Schlachtung erforderlich (keine Tierseuchen, Zoonosen, unzulässige Rückstände oder Anwendung von Arzneimitteln).

Herstellungsablauf für frischen Fisch

Tätigkeit	Kritische Punkte	Vorgabe	Maßnahmen bei Abweichung
Lebendtiere		gesunder Fischbestand	
Betäuben Töten		achten auf Tierschutz achten auf Sauberkeit	
Ausnehmen	Kontamination	Ausnehmen und Öffnen unter sauberem Wasser	
Zerlegen	Kontamination	hygienische Wasserversorgung: Heißwasser (mind. 60 °C für Reinigung, mind. 82 °C zur Desinfektion) – Kontaminationen vermeiden	
Verpacken	hygienische Umhüllung bzw. Verpackung	hygienische Lagerung des Verpackungsmaterials; Sauberkeit des verwendeten Materials (richtige Kennzeichnung)	
Kühlen/Lagern	Temperatur und Dauer	bei max. 2 °C (evtl. auf Eis) max. 3 Tage	
Transport	einwandfreie Transportgefäße, Temperatur	keine Unterbrechung der Kühlkette. Beförderung unter hygienischen Bedingungen	

Herstellungsablauf für Räucherfisch bzw. für Produkte aus Räucherfisch

Tätigkeit	Kritische Punkte	Vorgabe	Maßnahmen bei Abweichung
Salzen	Salzkonzentration Dauer	Trockensalzen: 2 Stunden Nasssalzen: 6–8 %, 8–12 Stunden	
Räuchern	Temperatur und Dauer	Heißräuchern: Forellen: 70–90 °C Karpfen: zunächst trocknen lassen (langsam erwärmen), dann auf ca. 70–90 °C erwärmen, anschließend Temperatur langsam absenken Kalträuchern bei 20–30 °C, 18–48 Stunden (je nach Größe der Stücke und Häufigkeit der Räuchergänge)	
Weiterverarbeiten	Kontamination vermeiden	saubere Arbeitsflächen und Geräte, einwandfreie Zutaten	
Verpacken	hygienische Umhüllung bzw. Verpackung	hygienische Lagerung des Verpackungsmaterials; Sauberkeit des verwendeten Materials (richtige Kennzeichnung)	
Kühlen/Lagern	Temperatur und Dauer	gekühlt bei 2–6 °C (bei heißgeräuchertem Fisch 4–8 Tage, bei kaltgeräuchertem Fisch bis zu 14 Tage – vakuumverpackte Räucherfische bis zu einigen Wochen)	
Transport	Temperatur Transportgefäße	keine Unterbrechung der Kühlkette. Beförderung unter hygienischen Bedingungen	

Weiters sind folgende Auffälligkeiten besonders zu beachten:

- **Im Teichbuch:** Gab es Arzneimittelanwendungen und/oder hohe Ausfälle?
- **Am Tier:** Aussehen, Abweichung bzw. Veränderung der Kiemen, Farbe und Geruch der Haut, Augen, Organe.

Die mikrobiologische Untersuchung von Fischereierzeugnissen im betrieblichen Eigenkontrollsystem inkludiert die Untersuchung auf *Listeria monocytogenes*. Die mikrobiologische Untersuchung von Oberflächen von Einrichtungen und Geräten, die mit Lebensmitteln in Berührung kommen, ist nicht ausdrücklich vorgeschrieben, aber wird in der Leitlinie als mögliches Instrument des Eigenkontrollsystems ausgewiesen.

Räuchern und Abgabe von Räucherfisch

Das österreichische Lebensmittelbuch weist unter der Kategorie Räucherfische eine Angabe zur Kerntemperatur bei heißgeräucherten Fischen von über 60 °C (bis 85 °C) aus. Bei kaltgeräucherten Fischen ist eine Raumtemperatur von unter 30 °C (12–25 °C) angegeben.

Ähnliche Angaben, wenn auch nicht so detailliert, weisen die deutschen „Leitsätze für Fische, Krebs- und Weichtiere und Erzeugnisse daraus“ aus. Hier wird noch gesondert auf die jeweils in Heiß- oder Kalträucherei hergestellten Räucherprodukte eingegangen und deren Beschaffenheitsmerkmale (Aussehen, Farbe des Fleisches, Struktur, Geruch, Geschmack ...).

In der deutschen Lebensmittelhygiene-Verordnung (LMHV) ist festgelegt, dass bei Abgabe kleiner Mengen von u. a. frischen oder zubereiteten Fischereierzeugnissen die Anforderungen der Tierischen Lebensmittel-Hygieneverordnung einzuhalten sind. Das heißt, alle Flächen, mit denen die sogenannten Primärerzeugnisse in Berührung kommen, sind zu reinigen und in geeigneter Weise zu desinfizieren. Weiters ist für hygienische Herstellungs-, Transport- und Lagerbedingungen zu sorgen. Bei Umgang und Reinigung der Erzeugnisse ist sauberes Wasser oder sauberes Meerwasser zu verwenden. Kontamination mit Abfällen und gefährlichen Stoffen ist zu verhindern. Festgehalten sind noch die Hygienebestimmungen für die Räumlichkeiten und Verkaufseinrichtungen sowie für die Personen, die die Erzeugnisse verarbeiten.

Nur durch Hygiene kann die hohe Qualität beim Fischfleisch erhalten werden, das gilt auch bei Angelfängen.

Um zum Terminus „kleine Mengen“ zurückzukommen: Dies sind laut LMHV bei direkter Abgabe an Verbraucher haushaltsübliche Mengen und bei Abgabe an Betriebe des Einzelhandels Mengen, die der für den jeweiligen Betrieb tagesüblichen Abgabe an Verbraucher entsprechen.

HINWEIS! Quellen für Deutschland

- Verordnung zum Schutz von Tieren im Zusammenhang mit der Schlachtung oder Tötung und zur Durchführung der Verordnung (EG) Nr. 1099/2009 des Rates (Tierschutz-Schlachtverordnung –TierSchlV). Vollzitat: „Tierschutz-Schlachtverordnung vom 20. Dezember 2012 (BGBl. I S. 2982)“ Leitfische für Fische, Krebs- und Weichtiere und Erzeugnisse daraus. Neufassung vom 27. November 2002. Zuletzt geändert durch Bekanntmachung vom 30. Mai 2011.
- Verordnung über Anforderungen an die Hygiene beim Herstellen, Behandeln und Inverkehrbringen von Lebensmitteln (Lebensmittelhygiene-Verordnung – LMHV) Vollzitat: „Lebensmittelhygiene-Verordnung in der Fassung der Bekanntmachung vom 21. Juni 2016 (BGBl. I S. 1469), die durch Artikel 2 der Verordnung vom 3. Januar 2018 (BGBl. I S. 99) geändert worden ist“

HINWEIS! Quellen für Österreich

- Gesamte Rechtsvorschrift für Lebensmittelsicherheits- und Verbraucherschutzgesetz, Fassung vom 10.01.2018.
- Bundesgesetz über Sicherheitsanforderungen und weitere Anforderungen an Lebensmittel, Gebrauchsgegenstände und kosmetische Mittel zum Schutz der Verbraucherinnen und Verbraucher (Lebensmittelsicherheits- und Verbraucherschutzgesetz – LMSVG) StF: BGBl. I Nr. 13/2006 (NR: GP XXII RV 797 AB 823 S. 99. BR: 7230 AB 7232 S. 720.)
- Leitlinie für eine gute Hygienepraxis für die Schlachtung und Verarbeitung von Fischen aus Wildfang oder eigener Aquakultur. Veröffentlicht mit Geschäftszahl: BMG-75210/0022 II/B/13/2011 vom 23.01.2012, Bundesministerium für Gesundheit
- Österreichisches Lebensmittelbuch. IV. Auflage, Codexkapitel/ B35/ Fische, Krebse, Weichtiere und daraus hergestellte Erzeugnisse. Veröffentlicht mit Geschäftszahl BMGFJ- 75210/0019-IV/B/7/2007 vom 06.12.2007 mit Änderungen und Ergänzungen bis 2017.
- Verordnung der Bundesministerin für Gesundheit über den Schutz von Tieren bei der Schlachtung oder Tötung (Tierschutz-Schlachtverordnung) StF: BGBl. II Nr. 312/2015

HINWEIS! EU-Verordnung

Europäisches Parlament, Rat der Europäischen Union (2002): Verordnung (EG) Nr. 178/2002 des Europäischen Parlaments und des Rates vom 28. Januar 2002 zur Festlegung der allgemeinen Grundsätze und Anforderung des Lebensmittelrechts, zur Errichtung der Europäischen Behörde für Lebensmittelsicherheit und zur Festlegung von Verfahren zur Lebensmittelsicherheit. Abl. L31 vom 01.02.2002.

DAS VORBEREITEN DER FISCHE ZUM RÄUCHERN ODER GRILLEN

TÖTEN, SCHLACHTEN, ENTSCHLEIMEN

Die im Folgenden angeführten Empfehlungen **gelten für Privatpersonen und für den Eigengebrauch und -verbrauch**. Für gewerbliche Betriebe gelten spezielle lebensmittelrechtliche Vorschriften (siehe voriges Kapitel). Kauft man sich Fische zum Räuchern im Handel oder beim Berufsfischer, so sind diese im Normalfall ordentlich ausgenommen, gereinigt und natürlich frisch.

Fische zum Räuchern brauchen normalerweise nicht abgeschuppt werden, dies gilt aber nicht nur für Forellenartige, die man wegen ihrer winzigen Schuppen sowieso nicht abschuppen braucht, sondern auch für Renken (Felchen), verschiedenste karpfenartige Fische, wie Döbel, Barben, Rotaugen, Nasen usw. Würde man bei diesen großschuppigen Fischen die Schuppen entfernen, so entstünde beim Auskühlen nach dem Räuchervorgang leicht eine unschöne Schrumpelhaut.

Korrektes Betäuben und Töten

Viele Feinschmecker sind zugleich Angler und fangen ihre Fische selbst, dabei gibt es bei der Verarbeitung und Vorbereitung einiges zu beachten.

HINWEIS! Bei Angelfängen

Bei Fischen, die entnommen werden sollen, entfernen Sie bitte den Angelhaken erst, nachdem der Fisch getötet wurde, und nicht umgekehrt: So wird dem Tier unnötiges Leiden erspart.

Bereits das Töten der gefangenen Fische sollte **professionell und so schnell wie möglich** geschehen (Tierschutzgesetz beachten!). Mit einem der Größe des Fisches angepassten Fischtöter schlägt man dem Fisch unmittelbar hinter den Augen kräftig

Mit einem kräftigen Schlag auf den Kopf des Fisches wird er betäubt.

auf den Kopf. Dazu kann ein ausgedienter Hammerstiel, ein passendes Aststück oder ein stilvoller Fischtöter aus Metall verwendet werden.

Dabei werden kleinere bis mittlere Fische (z. B. Forellen in Portionsgröße) bereits getötet, größere zumindest ordentlich betäubt. In jedem Falle muss durch den Schlag das Bewusstsein ausgeschaltet werden. Dies lässt sich durch das Erlöschen des Augenreflexes erkennen.

Lebender Seesaibling mit ausgeprägtem Augenreflex

Betäubte bzw. getötete Seesaiblinge ohne Augenreflex

Unmittelbar danach sollte man den Fisch noch **ausbluten lassen**. Das kann entweder durch einen Herzstich geschehen. Dazu sticht man mit einem scharfen, spitzen

Durch einen Stich in das Herz blutet diese Renke aus.

Messer kurz unterhalb des Brustflossenansatzes ein und führt einen kurzen Schnitt in Richtung Kopf, bis dunkelrotes Blut austritt.

Oder man durchtrennt die Kiemen im Bereich des unteren Ansatzes mit einem Schnitt. Bei größeren Fischen empfehle ich jedenfalls den Kiemenschnitt, idealerweise sollten die Fische nach dem Kiemenschnitt mit dem Kopf nach unten liegen und das austretende Blut ablaufen können.

Entschleimen

Fische mit stärkerer Schleimschicht, wie z. B. Schleien, Brachsen, Welse und manche Saiblinge sowie Forellen aus Zuchten, sollte man **vor dem Ausnehmen entschleimen**. Dadurch verhindert man später unschöne graue Flecken an den fertig geräucherten Fischen. Die unerwünschte Schleimschicht lässt sich recht einfach **durch ein kurzes Bad in einer Lösung mit Salmiakgeist** (35 %) entfernen. Das Verhältnis Wasser zu Salmiakgeist sollte dabei ca. 150 : 1 betragen. Es besteht auch die Möglichkeit, zum Entschleimen Ammoniaklösung zu verwenden, allerdings sollte man bei der Dosierung recht vorsichtig sein und die Ammoniakdämpfe keinesfalls einatmen.

Bei Fischen, die grundsätzlich weniger Schleim aufweisen, wie z. B. Renken, Karpfen oder die meisten Meeresfische, entfernt man diesen beim Abspülen oder Abwaschen nach dem Einsalzen ohne Probleme.

Aale

Problematischer ist das Töten und Entschleimen allerdings bei Aalen. Sie sind naturgemäß schwer zu fassen und erst recht nicht einfach zu töten. Ideal für das Töten dieser Fischart (und nicht nur dieser) ist ein **elektrisches Tötungsgerät**. Im Handel werden entsprechende Geräte für Groß- und Kleinverbraucher angeboten. Keinesfalls sollte man versuchen, solche Vorrichtungen selbst zu basteln! Übrigens kann man durch die Zugabe von etwas Salz die Leitfähigkeit des Wassers im Tötungsbecken erhöhen und somit die Effektivität steigern.

Hat man aber kein elektrisches Tötungsgerät zur Verfügung, so muss man die Aale mit anderen Methoden töten. Das herkömmliche „Abschlagen“, wie bei anderen Fischen üblich, ist beim Aal völlig ungeeignet und nicht zielführend. Ja, es wäre sogar Tierquälerei.

Mit einem **tiefen Schnitt von oben im Kopfbereich** etwa zwischen Augen und Brustflossenansatz, der die Wirbelsäule durchtrennt, tötet man Aale rasch. Dazu ist allerdings etwas Übung notwendig und vor allem ein wirklich scharfes Messer.

Im Angelgerätefachhandel werden sogenannte **Aaltöter** angeboten: Mit diesen einfachen Geräten lassen sich Aale relativ leicht töten. Dabei wird die **Wirbelsäule** im Kopfbereich mit einem Schlag von oben **durch eine v-förmige Klinge durchtrennt**. Ich empfehle, danach noch mit einem scharfen Messer die Nervenstränge in diesem Bereich zu durchtrennen. Klar muss aber sein, dass sich Aale auch nach dem Durchtrennen der Wirbelsäule noch bewegen. Selbst wenn man ihnen den Kopf abschneiden würde, was ich bei Räucheraalen nicht empfehle, schlängeln sie noch längere Zeit herum. Verursacht werden diese postmortalen Bewegungen durch bestimmte Nerven. Ähnliches kennt man von fangfrischen Fischen (z. B. Forellen), die zum Braten in eine Pfanne gelegt werden und sich dort durch die Hitzeentwicklung noch hin- und herbiegen.

Um den gesetzlichen Vorgaben zu entsprechen, sind Aale **unmittelbar nach dem Töten auszunehmen** und die Innereien samt Herz zu entnehmen. Nach dem Ausnehmen sollte man die Aale **entschleimen**. Dazu verwende ich ein gut verschließbares Gefäß (Eimer mit passendem Deckel), in das ein Gemisch aus Wasser und Salmiakgeist etwa im Verhältnis 40 : 1 gegeben wird. Das Verhältnis Fische und Lösung sollte ca. 1 : 1 sein, dabei darf kein Leerraum (Luftblase) unter dem Deckel verbleiben. Nach rund 10 Minuten hat sich der meiste Schleim von der Aalhaut gelöst und lässt sich anschließend problemlos mit Wasser abspülen. Das ist notwendig, um den intensiven Geruch des Salmiakgeistes vollständig zu beseitigen.

Übrigens: Beim Aal sind die Kiemenbögen nur schwer zugänglich, weil die üblichen großen Kiemendeckel fehlen und nur zwei kleine Öffnungen in der Haut sichtbar sind.

Deshalb entferne ich die Kiemen beim Aal nicht, sondern drücke sie unter fließendem Wasser gründlich aus, um das Blut zu entfernen.

WICHTIG! Sicherheitshinweis

Salmiak ist ätzend! Verwenden Sie geeignete Handschuhe und eine Schutzbrille.

Plattfische

Für Plattfische (Schollen, Klieschen, Steinbutt, Heilbutt, Flundern usw.) gilt betreffend die geeignetste Tötungsmethode: Man sollte sie durch einen **schnellen Schnitt** töten, der die Kehle und die Wirbelsäule durchtrennt, und anschließend die Eingeweide herausnehmen. Wie auch beim Aal wäre es sinnlos, bei diesen Fischen auf dem Kopf herumzuschlagen.

RICHTIGES AUSNEHMEN

Das saubere Ausnehmen der getöteten Fische ist eine Grundvoraussetzung, um später einwandfreie Räucherware zu erhalten.

TIPPS! Ausnehmen Schritt für Schritt

- Bauchhöhle vom Weidloch aus öffnen
- Magen-Darm-Trakt und Gonaden entfernen
- Niere entfernen
- Kiemenbögen entfernen
- Sorgfältig mit Wasser ausspülen

Ist der Fisch nun fachgerecht getötet, beginnt man üblicherweise vom Weidloch (Afteröffnung) her, die **Bauchhöhle zu öffnen**. Der Schnitt muss zwischen den Bauchflossen hindurch bis zum Ansatz der Brustflossen geführt werden (siehe Fotos). Dazu ist ein scharfes Messer mit eher kurzer Klinge erforderlich. Achten Sie darauf, mit der Messerspitze nicht zu tief in den Bauchraum einzudringen. Man würde dabei innere Organe, wie den Darm, den Magen und vor allem die Galle, verletzen und somit

Die Messerspitze wird beim After eingeführt und der Schnitt möglichst nahe unter der Bauchdecke gerade nach vorne geführt.

Die entnommenen Innereien und Kiemenbögen

bereits beim Öffnen der Leibeshöhle das Fischfleisch verunreinigen.

Die Galle sitzt übrigens direkt an der Leber und enthält eine gelbgrüne Flüssigkeit. Verletzt man die Gallenblase, so tritt diese Flüssigkeit aus und verunreinigt die Leibeshöhle des Fisches. Sofortiges gründliches Auswaschen mit fließendem Wasser ist erforderlich, um den bitteren Geschmack der Gallenflüssigkeit wieder vom Fischfleisch zu entfernen.

Ist nun die Leibeshöhle zur Gänze geöffnet, so **entfernt man den gesamten Magen-Darm-Trakt** inkl. der **Gonaden** (Eier und Milchstränge) und trennt dazu mit dem Messer gleich den Schlund ab.

Recht sinnvoll, wenn auch nicht zwingend erforderlich, ist auch das **Entfernen der Kiemenbögen**. Die stark durchbluteten Kiemen bilden einen idealen Nährboden für Bakterien und andere zersetzende Mikroorganismen. Daher auch das Sprichwort: „Der Fisch beginnt am Kopf zu stinken." Außerdem tritt während des Räuchervorganges ein rot-bräunlicher Saft (Blut und Salzlake) aus den Kiemen, der entlang der Seiten bis zum Schwanz hinunterrinnt und so unschöne Streifen bildet. Entfernt man die Kiemen nicht, sollte man sie vor dem Einsuren jedenfalls gut unter fließendem Wasser ausspülen, um die Blutreste zu entfernen.

Ganz wichtig ist auch das **Entfernen der Niere**. Das ist jener dunkelrote Strang, der entlang des Rückgrates liegt. Die Niere entfaltet, ähnlich wie die Galle, einen bitteren Geschmack und muss mittels einer kleinen, aber kräftigen Bürste oder des Daumennagels gründlich entfernt werden. Zu ihrem

Zwischen Schwimmblase und Rückgrat liegt die Niere.

Das gründliche Entfernen der Niere gehört zum sauberen Ausnehmen.

Entfernen eignet sich übrigens auch das Griffstück eines Blechkapselhebers (Bieröffner) oder eines Löffels.

Die Niere hat im Kopfbereich eine deutliche Verdickung, auch dieser Bereich muss natürlich entfernt werden. In jedem Fall muss die Leibeshöhle der ausgenommenen Fische gründlich mit sauberem Wasser ausgespült werden, um alle Verunreinigungen (auch jene, die mit freiem Auge nicht sichtbar sind) zu entfernen.

Eine **Besonderheit** finden wir **beim Aal**: Bei diesem Fisch setzt sich die Niere auch nach dem Ende der Leibeshöhle noch fort. Das bedeutet, dass man nach dem Weidloch noch einige Zentimeter weiter in Richtung Schwanz schneiden muss, und zwar bis hinunter zur Wirbelsäule. Dort wird der Schwanznierenpfropfen sichtbar und kann entfernt werden.

HINWEIS! Aalblut

Aalblut ist giftig und kann beim Kontakt mit Wunden Entzündungen verursachen.

Achten Sie also auf kleine Schnittverletzungen an Ihren Händen, wenn Sie Aale ausnehmen! Dieses Gift wird allerdings durch die Wärmeeinwirkung beim Garvorgang unschädlich gemacht.

Die Leibeshöhle muss mit sauberem Wasser gründlich ausgespült werden.

HINWEIS! Lebensmittelhygiene

Auch im „Hobbybereich" ist Hygiene ein wichtiger Faktor für die Qualität der Räucherware. Keime und Krankheitserreger werden beim Räuchern üblicherweise nicht zur Gänze abgetötet. Daher sollte man schon von Beginn an (also beim Schlachten) darauf achten, die Keimzahl möglichst gering zu halten. Neben einer ununterbrochenen Kühlkette (im Idealfall 3 °C bis maximal 7 °C), die sich vom Zeitpunkt der Schlachtung über die Verarbeitung bis hin zum Endprodukt beim Konsumenten erstreckt, ist das Reinigen der frisch geschlachteten Fische mit fließendem Trinkwasser notwendig.

DIE RICHTIGE VERSORGUNG GEFANGENER FISCHE

Ein ganz wesentlicher Aspekt, um später erstklassige Räucherfische zu erzielen, ist die richtige Versorgung nach dem Fang. Dazu gehört neben dem weidgerechten Töten und sauberen Ausnehmen die weitere Versorgung des Fanges.

Idealerweise habe ich in der warmen Jahreszeit bei meinen Bootsausflügen eine Kühltasche mit an Bord, in der ich meine Fänge unterbringe, bis ich wieder nach Hause komme. Dabei wird jeder entnommene Fisch sofort ausgenommen und in Tiefkühlsäcke verpackt, bevor er in die Kühltasche kommt. Das mag ein wenig übertrieben scheinen, ich persönlich bin aber der Meinung, dass durch das sofortige Ausnehmen die Fleischqualität optimal erhalten bleibt. Dies gilt sowohl für Fische, die später geräuchert werden, als auch für die, die gebraten werden. Bin ich zu Fuß mit der Angelrute unterwegs und beabsichtige einen Fisch zu entnehmen, mache ich das wenn möglich erst kurz bevor ich nach Hause fahre, um den Fisch möglichst rasch in die Kühlung zu bringen.

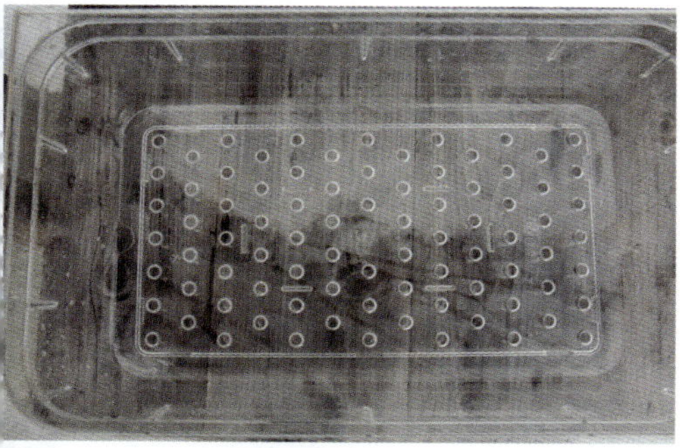

Ideal für die vorübergehende Lagerung von Frischfisch: transparente Kunststoffboxen mit gelochtem Abtropfeinsatz.

TIPP! Nur fangen, was Sie verarbeiten

In jedem Fall sollte man sich immer vorher überlegen, ob man einen gefangenen Fisch auch entsprechend versorgen und verwerten kann. Im Zweifelsfall ist es besser, ihn freizulassen, als ihn später vergammeln zu lassen.

TIPP! Boxen für die Lagerung

Für die (Zwischen-)Lagerung mehrerer Fische zuhause im Kühlschrank empfehle ich Kunststoffboxen mit Abtropfeinsatz. Diese lassen sich übrigens auch hervorragend zum Beizen von Filets verwenden.

EINFRIEREN, ABER RICHTIG

Nicht immer kann man gefangene Fische zeitnah verwerten, oder man möchte mehrere Tagesfänge sammeln, um sie später bei einem speziellen Anlass zu räuchern oder zu grillen. Dann empfiehlt es sich, diese einzufrieren, dabei gibt es aber einiges zu beachten.

TIPPS! Richtiges Einfrieren auf einen Blick

- Möglichst frisch einfrieren
- In Gefrierbeuteln nebeneinanderliegend einfrieren
- Vakuumverpackungen bevorzugen
- Verpackungen eindeutig und gut leserlich beschriften
- Langsam bei nicht zu hohen Temperaturen auftauen
- Für professionelle Anwender sind Schockfroster empfehlenswert

Wichtig ist vor allem, dass die Fische **möglichst frisch eingefroren** werden und vorher nicht schon einige Tage im Kühlschrank verbracht haben. Die ideale Lagertemperatur im Kühlschrank liegt übrigens zwischen 2 und 5 °C.

Außerdem sollte man **niemals zu viele Fische in einem Gefrierbeutel** einfrieren, da diese dann zu einem harten Klumpen zusammenfrieren. Das hat den Nachteil, dass es recht lange dauert, bis auch alle Fische durchgefroren sind. Das nächste Problem entsteht beim Auftauen, weil dann die äußeren Fische längst aufgetaut (weich) sind, während die inneren noch immer steinhart gefroren bleiben. Besonders ungünstig ist das, wenn man die Fische in einer Salzlake einbeizen möchte, um sie später zu räuchern. Gibt man einen Klumpen aus zusam-

Das reicht für den Eigengebrauch völlig: ein Gefrierbeutel mit zwei frischen Fischen. Leserlich beschriften, Luft herausdrücken und flach einfrieren.

mengefrorenen Fischen in die Lake, kann das Salz die äußeren Fische durchdringen, die inneren erreicht es aber erst viel später oder womöglich gar nicht.

Deshalb immer nur so viele Fische in einen Kunststoffbeutel geben, dass diese sich flach nebeneinander in den Tiefkühler legen lassen. **Luftdichte Gefrierbeutel** verwenden, um Gefrierbrand zu verhindern, und **gut leserlich beschriften**. Sind die Fische einmal tiefgefroren, kann man oft nicht mehr sagen, wie viele von welcher Art sich in dem Beutel befinden. Und ganz wichtig – unbedingt das Datum vermerken, damit die Fische rechtzeitig verwertet werden, bevor die Qualität leidet.

Idealerweise werden Fische **vakuumverpackt**, so bleiben sie lange Zeit saftig und bekommen garantiert keinen Gefrierbrand. Für professionelle Anwender empfiehlt sich ein **Schockfroster**, der frisch eingebrachte Ware bei etwa –40 °C innerhalb kürzester Zeit durchfriert und anschließend bei normaler **Lagertemperatur**, die bei **–18 bis –20 °C** liegt, weiter gefroren hält. Der große Vorteil dieser Methode liegt darin, dass etwa Bakterien oder Parasiten bei den sehr tiefen Temperaturen sicher abgetötet werden, und dass sich durch das sehr schnelle Durchfrieren in den Zellen keine Eiskristalle bilden, die der Qualität später abträglich wären. Auch beim späteren Auftauen sollte man die Fische keinesfalls zu hohen Temperaturen aussetzen.

Der Idealfall: Renken, sauber ausgenommen und gründlich durchgewaschen, werden rasch vakuumverpackt und kommen in den Schockfroster. So sind sie über Monate ohne Qualitätsverlust haltbar.

Ich gebe tiefgekühlte Fische am Vorabend in den normalen Kühlschrank, dort können sie über Nacht **langsam auftauen** und ich kann sie am nächsten Morgen weiter verarbeiten. Keinesfalls sollte man irgendwelche „Notauftaumethoden" anwenden, wie etwa die tiefgefrorenen Fische in heißes Wasser legen, um die Auftauzeit zu verkürzen.

EINBEIZEN STATT EINFRIEREN ...

Einen sehr hilfreichen Tipp vom Räucher- und Fischereimeister Andreas Nägler möchte ich hier noch einfügen. Es kann schon mal vorkommen, dass bei einer Veranstaltung grüne (also rohe) Fische übrig bleiben, die schon ein oder zwei Tage auf Eis oder im Kühlschrank gelagert wurden. Diese Fische einzufrieren, ist eine Möglichkeit. Eine andere ist, sie gleich einzubeizen, z. B. nass einzusuren. Wenn diese Fische vakuumverpackt werden, ist eine Haltbarkeit bis zu einem halben Jahr ohne Qualitätsverlust möglich. Die übliche **Salzlake mit ca. 10 % über 12 Stunden** genügt völlig, Gewürzmischungen oder fertige Räucherlaugen kann man natürlich ebenfalls verwenden. Wenn man dann das nächste Mal räuchern möchte, braucht man diese Fische nur noch aufzutauen und hat jederzeit „räucherfertige“ Fische zur Verfügung, ohne sie vorher stundenlang einbeizen zu müssen.

Vermerken Sie am Gefrierbeutel das Datum mit einem wasserfesten Stift, so können Sie jederzeit überprüfen, wie lange der eine oder andere Fisch bereits in der Kühltruhe lagert.

HINWEIS! Einfrieren

Abschließend noch ein Tipp zum Einfrieren von Fischen generell: Einmal aufgetaute Fische nicht wieder einfrieren!

FILETIEREN VON FRISCHEN FISCHEN

mit Fischereimeister Franz Grubinger

Es erfordert einige Übung, bis das Filetieren richtig klappt.

Man sollte dazu eine stabile Unterlage verwenden, ich bevorzuge ein spezielles Filetierbrett mit Klemmvorrichtung der Fa. Jenzi, an dem man den Fisch entweder mit dem Kopf oder mit dem Schwanz festklemmen kann **(Abb. 1)**.

Mit einem speziellen Filetiermesser (lange, scharfe, schmale und vor allem biegsame Klinge) schneidet man hinter dem Kopf mit

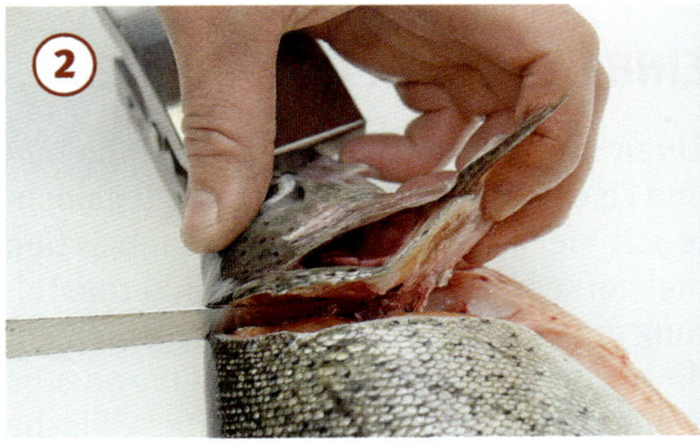

③

einem halbrunden Schnitt bis an die Wirbelsäule (deutlicher Widerstand), dann ändert man den Winkel der Klinge so, dass diese parallel zum Fisch bzw. zur Wirbelsäule liegt **(Abb. 2)**.

④

Anschließend führt man die Klinge möglichst eng entlang der Wirbelsäule bis hin zum Schwanz und teilt so das Filet von der Wirbelsäule. Dabei sollte man die Klinge nicht drücken, sondern ziehen, damit sich die Schuppen nicht am Schnittpunkt stapeln. Profis ziehen ihr Messer meist in einem Zug durch das Filet, für den Anfang kann man aber ruhig ein- oder zweimal absetzen **(Abb. 3, 4, 5)**.

⑤

Genauso gut funktioniert das Filetieren aber auch vom Schwanz her. Gleich hinter der Schwanzwurzel beginnend, führt man die Klinge in diesem Fall in Richtung Kopf **(Abb. 6)**.

Die schrägen Schnitte hinter den Kiemendeckeln trennen die Filets dann von der Wirbelsäule **(Abb. 7)**.

Die Bauch-, Brust- und Afterflossen müssen mit einem kurzen, aber scharfen Messer ausgeschnitten werden. Übrig bleiben dann nur mehr die Karkasse und der Kopf, die eine gute Grundlage für eine Fischsuppe abgeben **(Abb. 8)**.

Wichtig ist überdies, dass auch die Bauchgräten entfernt werden, da man das Filet sonst nicht aufschneiden kann. Dieser Vorgang geschieht ebenfalls mit dem Filetiermesser: Man setzt oberhalb der Bauchgräten an und schält die Gräten richtiggehend vom Filet ab **(Abb. 9, 10)**.

Mit einem speziellen Werkzeug, z. B. einer Imkergabel, lässt sich das Filet auf der Rückenseite besser halten **(Abb. 11)**.

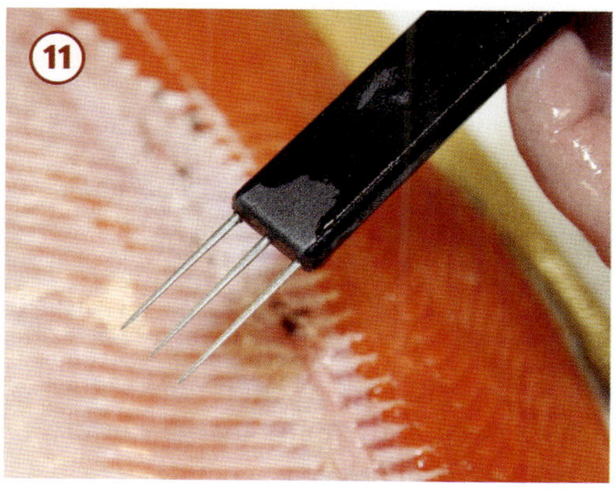

Wer häufig Fische filetiert, sollte sich dazu einen sogenannten Kettenhandschuh besorgen. Das ist ein Handschuh aus einem speziellen Metallgewebe, das durch seine Festigkeit Schnittverletzungen der Hand verhindert.

Die Gräten im Rückenbereich, die so genannten Zwischenmuskelgräten, zupft man am besten nach dem Beizvorgang mit einer Pinzette heraus, dann hat man beim Aufschneiden der Filets keine Grätenteile mehr im Fischfleisch.

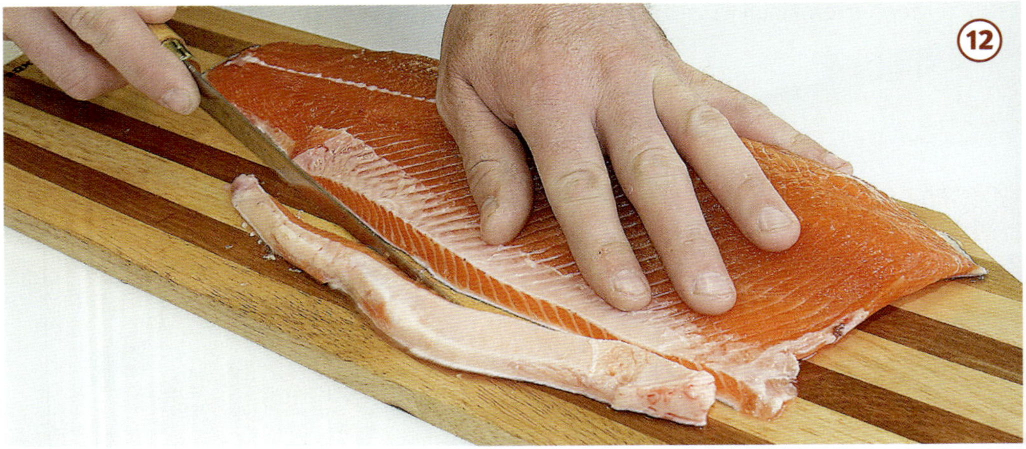

Bei größeren Filets empfehle ich, den äußeren Rand mit einem geraden Schnitt zu entfernen **(Abb. 12)**, da sich in diesem Bereich fast ausschließlich Fettgewebe befindet. Das Gleiche gilt (bei größeren Filets) auch für den Außenrand an der Rückenseite.

Als Endprodukt sollte dann ein sauber zugeputztes Fischfilet vor uns liegen, das keine Gräten mehr enthält und für die weitere Verarbeitung, Kalträuchern, Beizen oder Braten bereit ist **(Abb. 13)**.

FILETIEREN VON GERÄUCHERTEN FISCHEN

Bereits geräucherte Fische kann man natürlich genießen, ohne sie vorher zu filetieren. Wer aber ein Räucherfischbuffet anrichten möchte oder einfach nur Räucherfischfilets serviert, sollte mit dem Filetieren von bereits geräucherten Fischen vertraut sein.

Fischereimeister Franz Grubinger zeigt uns auf den folgenden Bildern seine Technik, geräucherte Forellen zu filetieren.

Zuerst schneidet man mit einem scharfen Messer oder einer Schere den Schwanz des Fisches ab **(Abb. 14)**. Dann werden die Brustflossen entfernt (herausgezogen) und auf beiden Seiten ein schräger Schnitt hinter dem Kiemendeckel in Richtung Kopf geführt **(Abb. 15)**.

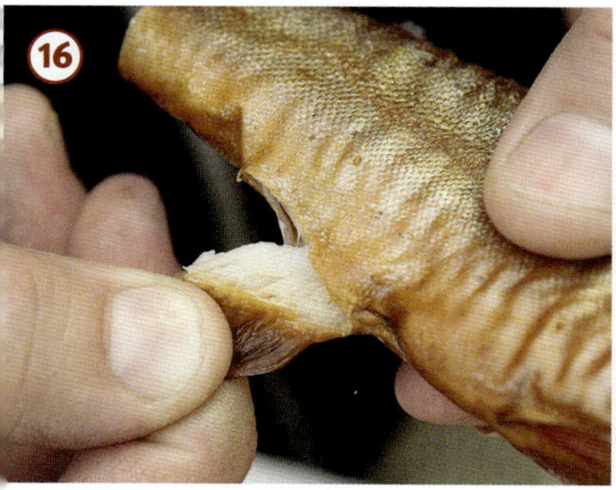

Jetzt lässt sich der Kopf leicht abbrechen und die Afterflosse entfernen **(Abb. 16)**. Mit einem kurzen Schnitt wird die Haut bis zum Schwanzende aufgeschnitten **(Abb. 17)** und der Schwanzstiel leicht zusammengedrückt. Dadurch lässt sich das Fleisch leicht von der Wirbelsäule lösen **(Abb. 18)**.

18

19

20

21

Auf diese Weise kann man das ganze Filet mit etwas Gefühl von der Wirbelsäule und somit auch von den Gräten lösen **(Abb. 19)**. Auf der gegenüberliegenden Seite lässt sich jetzt die Wirbelsäule vom Fleisch abheben **(Abb. 20)**. Dabei sollte man sie nicht zu steil hochbiegen, sondern mit etwas Zug möglichst gerade abheben. Übrig bleiben sollte jetzt die Wirbelsäule mit all ihren Gräten **(Abb. 21)**. Jene Gräten, die auf der Wirbelsäule fehlen, sitzen noch im Fleisch und müssen separat entfernt werden.

Die verbleibenden beiden Filets sollten jetzt grätenfrei sein und müssen nur noch von der Haut gelöst werden **(Abb. 22)**.

Kopf, Gräten und Schwanz können übrigens für die Zubereitung einer hervorragenden Fischsuppe aufbewahrt werden.

Filetieren von geräucherten Aalen

Ich selbst spalte oder filetiere größere Aale bereits im rohen Zustand, also vor dem Bad in der Salzlake. So kann das Salz besser in das fette Fleisch einziehen und die beiden Hälften sehen sehr ansprechend aus und sind außerdem früher fertig.

Aber natürlich kann man auch im Ganzen geräucherte Aale filetieren. Dazu muss der ausgekühlte Aal mit einem scharfen Messer zunächst der Länge nach halbiert bzw. filetiert werden. Den Kopf und das dünne Schwanzende schneide ich vorher weg. Nun verbleibt an einer Körperhälfte noch die Wirbelsäule mit den Hauptgräten, mit etwas Gefühl kann man sie einfach abheben und so entfernen. Jetzt benötigt man einen großen Löffel (Esslöffel), mit dem man das Muskelfleisch aus der Haut herausschälen kann.

Man beginnt dabei an der Kopfseite und arbeitet sich zum Schwanzende weiter. Das ausgelöste Aalfilet kann man nun in kleine Happen schneiden und servieren. Natürlich kann man den geräucherten Aal auch wie ein Salzstangerl essen, also die handlichen (gehäuteten) Stücke mit den Fingern halten und mit den Zähnen abnagen. Dazu sollte man aber Servietten oder besser gleich eine Küchenrolle bei der Hand haben.

WELCHE FISCHARTEN KANN MAN RÄUCHERN?

ZUM RÄUCHERN GEEIGNETE SÜSSWASSERFISCHE

Lachsartige

Alle Salmonidenarten, die bei uns vorkommen bzw. erhältlich sind, eignen sich hervorragend zum Räuchern. Am auffälligsten ist ihr „Markenzeichen" – die so genannte Fettflosse, die sich zwischen Rücken- und Schwanzflosse befindet und sie als Mitglieder der Lachsfamilie ausweist.

FORELLEN

Eignung

Heißräuchern:	**sehr gut geeignet**
Kalträuchern:	**gut geeignet (vor allem Filets von größeren Exemplaren)**
Beizen:	**gut geeignet**
Grillen:	**sehr gut geeignet**

Das sind z. B. die heimische **Bachforelle** und die aus Nordamerika eingebürgerte **Regenbogenforelle**. Beide Fischarten bekommt man heute im Handel bzw. aus der Fischzucht, aber auch als Wildfische, die mit der Angel gefangen werden, wobei die Regenbogenforelle den Löwenanteil bei den Zuchtfischen ausmacht.

Meist wird nur der Angelfischer wirklich **Wildfische** zum Räuchern zur Verfügung haben. Wenn Sie also nicht selber fischen gehen und Wildfische schätzen, sollten Sie sich um einen „Angelfreund" umsehen oder beim Berufsfischer vorbeischauen. Über Geschmack lässt sich streiten – fest steht, dass Zuchtfische im Regelfall ein etwas fetteres Fleisch als Wildfische haben. Dies wirkt sich beim Räuchern jedoch nicht negativ aus, im Gegenteil, die Fische bleiben saftiger. Beim Räuchern von Wildfischen muss man hingegen darauf achten, dass diese nicht zu trocken geraten. Forellen mit über 1 kg sollte man filetieren und am besten gleich kalt räuchern.

HINWEIS! Forellen

- Ihr Markenzeichen ist die so genannte Fettflosse.
- Zuchtfische haben meist ein etwas fetteres Fleisch als Wildfische.

Wunderschön und eine Delikatesse, unsere heimische Bachforelle. Leider sind die Wildbestände stark rückläufig. Bei manchen spezialisierten Fischzüchtern bekommt man diese Fischart als Aquakulturprodukt.

Die Regenbogenforelle ist bei uns der mit Abstand wichtigste Fisch in der Salmoniden-Aquakultur. Aber auch für Angler gehört sie zu den attraktivsten Zielfischen, die man in unseren Breiten fangen kann. Ihr zartes Fleisch wird bei Fischliebhabern sehr geschätzt.

Fischereimeister Florian Pertiller präsentiert eine delikate Besonderheit, eine große Seeforelle aus dem Fuschlsee bei Salzburg.

Die **Seeforelle**, im Salzkammergut, also im Gebiet der großen Voralpenseen Oberösterreichs und der Steiermark, von den Einheimischen wegen ihres Aussehens übrigens als Lachsforelle bezeichnet, eignet sich ganz hervorragend zum Kalträuchern.

Dabei sollte man aber beachten, dass dieser Fisch nur in einigen Alpen- bzw. Voralpenseen vorkommt und je nach Landesgesetz ein Mindestfangmaß von wenigstens 50 cm hat. Im Handel ist dieser Fisch als Wildfang nahezu nicht zu bekommen. Bei dieser Fischart handelt es sich um eine bodenständige Delikatesse, die man am ehesten beim Berufsfischer an den großen Salzkammergutseen (Wolfgangsee, Attersee, Hallstätter See usw.) bekommt. Aber selbst dort muss man sich für diesen Fisch voranmelden.

Seit einigen Jahren wird diese Fischart unter dem Namen „Kärntner Låxn“ von einigen Kärntner Fischzüchtern angeboten, dabei handelt es sich natürlich um Zuchtfische,

An der Quelle, in der Fischzucht Feld am See (Kärnten Fisch), werden die edlen Kärntner Låxn gezüchtet. Reinstes Quellwasser und extensive Haltung sind Grundvoraussetzung für diese spezielle Fischart.

die aber eine hervorragende Fleischqualität haben.

Eignung: Seeforelle

Heißräuchern:	**geeignet**
Kalträuchern:	**sehr gut geeignet**
Beizen:	**sehr gut geeignet**
Grillen:	**sehr gut geeignet**
Sushi-tauglich:	**nur vom frischen Filet, gut geeignet**

Die **Lachsforelle** ist keine eigene Fischart, sondern eine „Erfindung" der Lebensmittelindustrie. Es handelt sich dabei um eine Regenbogenforelle, die bestimmte Voraussetzungen erfüllen muss. So soll sie z. B. ein Mindestgewicht von ca. 500 g haben, ein rötliches Fleisch besitzen (wird durch Fütterung mit Karotinfutter – Astaxanthin – erreicht) und einen bestimmten Fettanteil im Fleisch aufweisen. Eben dieses rötliche und saftige Fleisch macht diesen Fisch als Portionsfisch ideal zum Räuchern im Ganzen. Größere Lachsforellen sollte man filetieren und kalt räuchern. Sie stehen dem atlantischen Farmlachs im Geschmack nicht nach. Ich persönlich bevorzuge sie sogar gegenüber diesem, weil ihr Fleisch meist fester und nicht so fett ist.

Noch eine spezielle Zuchtform der Regenbogenforelle soll hier erwähnt werden, und zwar die **Goldforelle**. Ihre goldgelbe Grundfärbung, die nur durch einen rötlichen Streifen entlang der Seitenlinie unterbrochen wird, macht sie zum Heißräuchern natürlich ideal. Auch wenn jemand noch kein „Räuchermeister" ist, die Goldforellen werden geräuchert immer eine ansprechende goldgelbe Färbung haben.

Regenbogenforellen mit rötlichem Fleisch werden als Lachsforellen bezeichnet.

Eine recht schöne Farbvariante der Regenbogenforelle ist die Goldforelle. Durch das Räuchern erhält sie eine besonders ansprechende Färbung und lässt sich auch gut vermarkten.

SAIBLINGE

Eignung

Heißräuchern:	sehr gut geeignet
Kalträuchern:	gut geeignet, vor allem Filets von größeren Exemplaren
Beizen:	gut geeignet
Grillen:	sehr gut geeignet
Sushi-tauglich:	nur vom frischen Filet

Ganz ausgezeichnete Räucherfische sind auch unsere Saiblingsarten. Als besondere Delikatesse gilt der heimische **Seesaibling**. Er kommt in den klaren, kühlen Voralpenseen Österreichs und Bayerns vor und ist ein ausgesprochen schöner Fisch, mit oft leuchtend rotem Bauch und samtweißen Flossenrändern. Die Durchschnittsgrößen liegen zwischen 25 und 35 cm, sein Fleisch ist außerordentlich zart und mager. Auch diesen Fisch muss man sich entweder selbst fangen oder beim Berufsfischer kaufen. Heißgeräuchert ist er eine ganz besondere Köstlichkeit, allerdings muss man

Der Seesaibling gehört zu den besten heimischen Speisefischen.

Wildfänge von Seesaiblingen gehören zum Feinsten, was man zum Räuchern kriegen kann.

darauf achten, dass diese Fischart nicht zu lange und zu heiß geräuchert wird, da die Seesaiblinge sonst leicht zu trocken werden.

Aus Nordamerika stammt der **Bachsaibling**. Er wird hauptsächlich in Fischzuchten zur Speisefischproduktion gehalten. In Freigewässern wächst er meist schlecht und verdrängt durch sein aggressives Verhalten heimische Fischarten wie die Bachforelle oder den Seesaibling. Als Speisefisch hat er aber durchaus seine Berechtigung, sein Fleisch ist zart und wohlschmeckend, sein Aussehen recht ansprechend. Ein auffallend marmorierter Rücken, ein oft orangegelber Bauch und weiß-schwarz gesäumte Flossenränder machen diesen Fisch unverwechselbar. Heißgeräuchert schmeckt er ausgezeichnet.

Der Idealfall (zum Räuchern) unter den Saiblingen ist aber der **Elsässer Saibling**. Es handelt sich dabei um eine meist unfruchtbare Kreuzung zwischen See- und Bachsaibling. Diese Zuchtform eignet sich ideal zum Räuchern, da sich der Elsässer Saibling durch ein ausgesprochen saftiges und zartes Fleisch auszeichnet. Außerdem fallen bei dieser Fischart die Probleme hinsichtlich verschiedener Pilzerkrankungen beim Erreichen der Geschlechtsreife, wie dies z. B. beim Bachsaibling der Fall ist, weg.

Wenn wir schon bei den Kreuzungen von Fischen sind, so möchte ich noch den **Tigerfisch** erwähnen. Er ist eine Kreuzung

Der Bachsaibling besticht durch sein ansprechendes Aussehen und besitzt ein sehr zartes Fleisch.

Der Tigerfisch besticht durch seine interessante Optik und schmeckt heißgeräuchert sehr gut.

zwischen Bachforelle und Bachsaibling und zeichnet sich durch ein recht attraktives Aussehen aus. Auch er eignet sich sehr gut zum Heißräuchern. Im guten Fachhandel wird auch der **Arktische Saibling** (*Salvelinus alpinus*) angeboten. Dieser meist recht schlanke Vertreter der Saiblinge ist auch unter dem Handelsnamen „Alpenlachs" bekannt und eignet sich hervorragend zum Heißräuchern.

RENKEN

Eignung

Heißräuchern: sehr gut geeignet
Kalträuchern: gut geeignet (Filets von größeren Exemplaren)
Beizen: sehr gut geeignet (Filets von größeren Exemplaren)
Grillen: sehr gut geeignet
Sushi-tauglich: nur vom frischen Filet

Gäbe es eine Rangliste der Räucherfischarten und würde es nach mir gehen, so stünden die Renken wohl ziemlich an der Spitze. Die Coregonen (Renken, Reinanken, Felchen, Blaufelchen, Sandfelchen, Maränen, Riedlinge usw.) eignen sich ganz besonders zum Heißräuchern. Ihr silbriges Schuppenkleid färbt sich beim Räuchervorgang in ein helles Gold. Ihr festes, saftiges Fleisch ist im Vergleich zu unseren Forellen etwas fettreicher, und genau dieser Umstand wirkt sich auf den Geschmack recht günstig aus. Frisch gefangene Renken riechen übrigens nach geschnittenen Gurken. Während man Blaufelchen und kleinere Maränen, also Fische in üblicher Speisefischgröße, im Ganzen heiß räuchern sollte, kann man z. B. große Maränen filetieren und kalt räuchern.

Die kleinen Riedlinge hingegen – sie kommen übrigens nur im Traunsee vor und werden kaum größer als 15–20 cm – sollte man ganz vorsichtig und nicht zu heiß räu-

Renken: geräuchert, ungeschuppt, geschuppt

Hellgoldbraun geräuchert schmecken heimische Fische ausgezeichnet.

chern. Auch beim Einsalzen dieser Fischart muss man behutsam vorgehen, da man die kleinen Fische leicht versalzen kann. Sie gehören mit Sicherheit zu den absoluten Delikatessen unter den Räucherfischen.

ÄSCHEN

Eignung

Heißräuchern:	**sehr gut geeignet**
Grillen:	**sehr gut geeignet**

Auch die Äsche soll hier nicht unerwähnt bleiben. Sie besitzt – frisch gefangen – einen ausgeprägten Thymiangeruch. Ihr Fleisch ist fest und schmeckt heißgeräuchert ausgezeichnet. Man sieht sich nur vor das Problem gestellt, dass diese Fischart kaum wo erhältlich ist. Auch in der Aquakultur wird die Äsche nur in Ausnahmefällen als Speisefisch gezüchtet. Früher zählte sie zu den häufigen Flussfischen, sogar die so genannte Äschenregion wurde nach ihr benannt. Es handelt sich dabei um kühle, sauerstoffreiche Flüsse und Bäche des Voralpenlandes. Heute ist die Äsche vielerorts in ihrem Bestand bedroht, weil fischfressende Vögel, wie z. B. die Kormorane und Gänsesäger, ihre Bestände nahezu ausgelöscht haben. Mittlerweile werden gefangene Äschen zur Schonung der Bestände fast ausnahmslos zurückgesetzt.

HUCHEN

Eignung

Heißräuchern:	**gut geeignet**
Kalträuchern:	**sehr gut geeignet (Filets)**
Beizen:	**gut geeignet**
Grillen:	**sehr gut geeignet**
Sushi-tauglich:	**nur vom frischen Filet**

Der Vollständigkeit halber sei hier auch noch der Huchen (Donaulachs) erwähnt. Wildfänge werden sicherlich nur in Ausnahmefällen in der Räucherkammer landen, da die meisten Huchen nach einem Erinnerungsfoto wieder zurückgesetzt werden. Hat man aber doch einen ergattert, sollte man ihn wie einen Lachs kalt räuchern. Klarerweise gehört ein kaltgeräucherter Huchen zu den absoluten Delikatessen, die man bekommen kann. Wildfänge sind kurz zusammengefasst, sehr gut, aber eben auch nur in Ausnahmefällen zu bekommen.

Die Alternative lautet Huchen aus Aquakultur. In den letzten Jahren werden in der Aquakultur vermehrt Huchen zu Speisezwecken gezüchtet. Abhängig von den Haltungsbedingungen besitzen diese Fische ein sehr schmackhaftes Fleisch und gelten als besondere Delikatesse.

Karpfenartige

■ KARPFEN

Eignung

Heißräuchern:	sehr gut geeignet (Stücke oder Tranchen)
Grillen:	sehr gut geeignet

Aber nicht nur die angeführten Salmoniden eignen sich sehr gut als Räucherfische. Unser heimischer Karpfen hat ein recht saftiges und, wenn er nicht zu groß ist, auch ein durchaus zartes Fleisch. Ist die Herkunft der Karpfen nicht bekannt, sollte man sie nach Möglichkeit einige Tage auswässern (in sauberem, fließendem Wasser keltern).

Dies ist vor allem dann angezeigt, wenn die Karpfen aus schlammigen und seichten Teichen stammen. Kommen sie aus Freigewässern, sprich: Seen und Flüssen mit sauberem Wasser, schmecken selbst große Exemplare hervorragend. Die meisten von uns verbinden mit dem Karpfen Weihnachten, doch es lohnt sich durchaus, diesen Fisch auch ohne besonderen Anlass zu essen. In Tranchen (Koteletts) geschnitten oder filetiert, schmeckt unser Karpfen heißgeräuchert während der ganzen Saison.

Diese Fischart kann man durchaus kräftiger würzen als z. B. die Salmoniden. Knoblauch und Paprika verleihen dem Karpfen den würzigen Geschmack. Am besten schmeckt

Sowohl der Karpfen als auch die Schleie haben ein recht saftiges Fleisch und lassen sich durch Heißräuchern in Delikatessen verwandeln.

er aber nur gesalzen und kalt gegessen. Kauft man den Karpfen beim Fischhändler, wird er hauptsächlich im Spätherbst und Winter erhältlich sein, da die Karpfenteiche im Normalfall nur im Herbst abgefischt werden. Die Angelfischer haben es da schon wesentlich besser. Sie fangen ihre Karpfen, abgesehen von der Schonzeit (meist im Mai), das ganze Jahr über. Gerade größere Karpfen werden von eingefleischten Spezialisten fast ausnahmslos zurückgesetzt. Kleinere bis mittlere Exemplare hingegen eignen sich sehr gut als Speisefische und lassen sich als Filet oder in Tranchen geschnitten sehr gut heiß räuchern.

SCHLEIEN UND ANDERE KARPFENARTIGE (WEISSFISCHE)

Eignung

Heißräuchern:	**sehr gut geeignet**
Beizen:	**gut geeignet**
Grillen:	**sehr gut geeignet**

Ähnliches gilt auch für die **Schleie**, eine nahe Verwandte des Karpfens. Ihr Fleisch ist etwas trockener als das des Karpfens, daher sollte man Schleien erst ab ca. 1 kg filetieren, ansonsten werden die Filets beim Räuchern zu trocken. Unter diesem Gewicht kann man Schleien problemlos im Ganzen räuchern. Auch bei der Schleie braucht man nicht mit Gewürzen zu sparen. Schleien erhält man beim Berufsfischer, Teichwirt oder bei manchen Fischzüchtern. Gut haben es da natürlich wieder die Angelfischer, sie fangen sich ihre Schleien natürlich selbst.

Eine weitere Verwandte des Karpfens ist die **Brachse**, ein hochrückiger, seitlich zusammengedrückter Fisch, der im Vergleich zu den bisher vorgestellten Fischarten relativ viele Gräten besitzt. Oft wird diese Fischart in Massen gefangen, und für viele Fischer ist das Räuchern die einzige Möglichkeit, wie dieser Fisch zu essen bzw. zu vermarkten ist. Die vielen Zwischenmuskelgräten im Rückenbereich sind beim Verzehr zwar unangenehm, lassen sich durch das Schröpfen der Filets aber in kleinste Stücke zerteilen und stören dann beim Essen nicht mehr. Das Fleisch der Brachse ist zart und mager. Entsprechend gewürzt, gilt es in manchen Gegenden sogar als Delikatesse.

TIPP! Schröpfen

Schröpfen mit Schröpfmaschine oder Grätenschneider
Für jene, die des Öfteren Fischarten mit vielen Zwischenmuskel- bzw. Gabelgräten (z. B. Karpfen oder Karpfenartige) verarbeiten, empfiehlt sich die Anschaffung einer Schröpfmaschine. Nähere Informationen dazu finden Sie auf Seite 129 f.

Aus geräucherten Brachsen und auch aus anderen **„Weißfischen“** lassen sich übrigens ganz ausgezeichnete Räucherfischaufstriche und Räucherfischlaibchen herstellen, der Fleischwolf beseitigt das Problem mit den Gräten (siehe Rezeptteil).

Hier alle karpfenartigen Fische aufzuzählen, ist unmöglich und auch sinnlos. Einige

Viele Arten von Weißfischen, wie hier die Rußnase, eignen sich sowohl zum Heißräuchern als auch zum Grillen hervorragend.

Arten, wie der Döbel (Aitel), das Rotauge, die Barbe, die Nase, die Rußnase, eignen sich – ähnlich wie die Brachse – ganz gut zum Räuchern. Man sollte diese Fischarten aber entsprechend würzen. Wer sich an den verhältnismäßig zahlreichen Gräten nicht stört, kann aus diesen Fischen tolle Räucherspezialitäten zaubern. Das ist umso interessanter, als gerade diese Fischarten oft als „minderwertig" bezeichnet werden, was sicherlich nicht zutrifft. Es ist vielmehr eine Frage der Zubereitung.

In den letzten Jahrzehnten wurden verschiedene **karpfenartige Fische aus China** nach Europa eingeführt. Es handelt sich dabei hauptsächlich um den so genannten Graskarpfen (Amur), den Marmorkarpfen (Tolstolob) und den Silberkarpfen (Silberamur). Diese Fische erreichen relativ rasch beachtliche Größen und sind ausgezeichnete Speisefische. Ihr eher fettarmes Fleisch ist sehr schmackhaft. Geräuchert, d. h. in Tranchen geschnitten oder filetiert, sind diese Fischarten eine Feinheit, die sich noch nicht überall herumgesprochen hat. Der Fantasie des jeweiligen „Räuchermeisters" sind sowohl bei den zuvor beschriebenen Weißfischarten (Karpfenartigen) als auch bei Silberkarpfen und Amur keine Grenzen gesetzt.

WELSE

Eignung

Heißräuchern: **sehr gut geeignet**
Kalträuchern: **sehr gut geeignet**
Grillen: **sehr gut geeignet**

Als besondere Delikatesse gilt der Waller (Wels). Wobei wir hier zwischen dem **Europäischen Wels** (*Silurus glanis*) und dem **Afrikanischen Raubwels** (*Glarias gariepinus*) unterscheiden müssen. Das Fleisch beider Welsarten ist mäßig fett und deftig im Geschmack. Sowohl kalt- als auch heißgeräucherte Welsfilets gehören zu den Highlights unserer heimischen Fischküche. Da Welse relativ großwüchsig sind, ist das Räuchern von Filets bei dieser Fischart geradezu ideal. Ausreichendes Einsalzen (Einsuren) ist wegen des eher hohen Fettgehaltes bei dieser Fischart aber zu empfehlen.

Wallerfilets bekommt man heute in jedem gut sortierten Fischgeschäft. Wobei man berücksichtigen sollte, dass der Afrikanische Raubwels aus Kreislaufanlagen (Intensivhaltung) stammt, während der Europäische

Das Fleisch des Afrikanischen Raubwelses ist leicht rötlich gefärbt, diese bereits eingebeizten Filets werden heiß geräuchert.

Wels meist in der traditionellen Teichwirtschaft gezüchtet wird und ein weißes, feineres Fleisch besitzt. Den Europäischen Wels bekommt man manchmal auch beim Berufsfischer und im Herbst, wenn die Teiche abgefischt werden, auch beim Teichwirt.

Bei den Angelfischern hat sich in den letzten Jahren ein regelrechter **Boom in der Wallerfischerei** entwickelt. Da der Wels offensichtlich von der Klimaerwärmung profitiert, haben sich seine Bestände in Seen und Flüssen deutlich vermehrt. Am besten eignen sich Exemplare von ungefähr 80 bis 120 cm zum Verspeisen, wobei man das rote Muskelfleisch direkt unter der Haut entfernen sollte, da es tranig schmecken kann.

BARSCHARTIGE UND HECHTE

Eignung

Heißräuchern:	gut geeignet
Kalträuchern:	gut geeignet
Grillen:	sehr gut geeignet

Bekannt gute Speisefische sind Hecht, Barsch und Zander. Ihr Fleisch schmeckt ausgezeichnet, aber beim Räuchern geraten diese Fischarten leicht zu trocken. Das gilt besonders für die Filets dieser Fische. Wer es aber versteht, diese Fischarten entsprechend vorsichtig zu behandeln, zaubert daraus ganz besondere Delikatessen. Ich esse die heißgeräucherten Filets dieser Fischarten immer, wenn sie direkt aus dem Räucherofen kommen, da sie beim Auskühlen schnell zäh und trocken werden.

AALRUTTE

Eignung

Heißräuchern:	**sehr gut geeignet**
Kalträuchern:	**geeignet (nur Filets)**
Grillen:	**sehr gut geeignet**

Zu den dorschartigen Fischen gehört die Aalrutte, ein nachtaktiver Fisch, der in den großen Voralpenseen und in einigen sauberen kühlen Flüssen vorkommt. Ihr Fleisch ist wie das des Dorsches zart und kernig, also ausgezeichnet zum Räuchern geeignet. Meist werden diese Fische, die übrigens in keiner Weise mit dem Aal verwandt sind, von Berufs- und Angelfischern gefangen. Als besonders delikat gilt die große Leber der Aalrutten. Aber auch der sehr feine Rogen der Weibchen ist heißgeräuchert eine Delikatesse. Leider sind die Bestände dieser Fischart in vielen Gewässern bedroht.

AAL

Eignung

Heißräuchern:	**sehr gut geeignet**
Kalträuchern:	**bedingt geeignet**
Grillen:	**sehr gut geeignet (wenn nicht zu groß)**

Einer der bekanntesten „Räucherfische“ ist natürlich der Flussaal (im Gegensatz zum Meeraal oder Conger). Sein fettreiches Fleisch schmeckt entsprechend gewürzt und heißgeräuchert ausgezeichnet. Am allerbesten schmecken meiner Ansicht nach kleinere Aale, so bis etwa 75 cm. Sie sind etwas fetter als ihre großen Artgenossen. Man unterscheidet beim Aal den so genannten **Gelbaal** (Fressstadium, gelber Bauch, grüner Rücken, kleine Augen) und den so genannten **Blankaal** (abwandernder, fast geschlechtsreifer Aal mit weißem Bauch und schwarzgrauem Rücken bzw. auffallend großen Augen), weiters den **Breitkopfaal** (meist Weibchen) und den **Spitzkopfaal** (meist Männchen).

Fischfett im Allgemeinen und das Fett des Aales im Besonderen gilt als sehr gesund, da es mehrfach ungesättigte Fettsäuren und verschiedenste Vitamine enthält.

Beim Heißräuchern sollte man darauf achten, dass die Aale nicht zu knapp über der Feuerstelle hängen und die Temperaturen nicht zu hoch werden. Ansonsten kann es passieren, dass es zu so genannten Fettschwänzen oder Ballonaalen kommt. Ich schneide bei größeren Aalen daher die Haut mit seichten schrägen Schnitten ein, so kann überflüssiges Fett austreten und es verleiht den Aalen ein attraktives Aussehen.

STÖRARTIGE

Eignung

Heißräuchern:	sehr gut geeignet (Wichtig: immer gut durchräuchern, sonst sehr zäh)
Kalträuchern:	eher nicht geeignet
Grillen:	sehr gut geeignet

Immer mehr Fischzüchter befassen sich in den letzten Jahren mit der Zucht verschiedener störartiger Fische. Zu Speisezwecken wird vor allem der Sibirische Stör, *Acipenser baeri*, herangezogen.

Störe haben ein festes, nahezu grätenloses Fleisch, das geräuchert ganz ausgezeichnet schmeckt. Wegen der Größe, die diese Fischarten zumeist haben, sollte man sie am besten filetieren oder in Tranchen schneiden und die Stücke räuchern. Der Störspezialist Walter Grüll aus Grödig bei Salzburg hängt die Störfilets in speziellen Netzen (ähnlich einem Rollbraten) in den Heißräucherschrank. Das Ergebnis sind delikate Störrollen, die nicht nur hervorragend schmecken, sondern auch jedes Fischbuffet optisch aufwerten.

Störartige aus Aquakultur sind heute im gut sortierten Fischfachgeschäft sowie bei zeitgemäßen Fischzüchtern erhältlich.

TIPP! Rezept für Störrolle

Eine besondere Spezialität von Walter Grüll sind geräucherte Störrollen. Das Rezept dazu finden Sie im Rezeptteil auf Seite 149.

Neben dem bekannten Kaviar liefern Störe auch ein hochwertiges Fleisch.

Der Räucherprofi Walter Grüll zeigt uns, mit welch einfachen Mitteln man Störfilets in das elastische Schinkennetz bekommt (rechts).

Geräucherter Stör in der Räucherkammer (unten links)

Walter Grüll, ein Profi, was Fische und Räuchern anbelangt (unten rechts)

Störe haben ein besonders zartes Fleisch.

ZUM RÄUCHERN GEEIGNETE MEERESFISCHE

HINWEIS! Tiefkühlphase einhalten

Bei Meeresfischen, die Nematoden (Fadenwürmer) haben können, sollte auch beim privaten Gebrauch eine Tiefkühlphase von 24 Stunden stattfinden. Bei der gewerblichen Vermarktung ist dies ohnehin durch gesetzliche Bestimmungen vorgeschrieben.

ATLANTISCHER LACHS (*SALMO SALAR*) UND PAZIFISCHE LACHSE

Eignung

Heißräuchern:	sehr gut geeignet
Kalträuchern:	sehr gut geeignet
Beizen:	sehr gut geeignet
Grillen:	sehr gut geeignet
Sushi-tauglich:	ja, vor allem Wildlachse, nur vom frischen Filet

Er ist wohl einer der bekanntesten Speisefische überhaupt. Die historischen **Wildbestände in Europa** sind leider dramatisch zurückgegangen, dennoch werden heute etwa in der Ostsee dank enormen Besatzprogrammen noch viele Lachse mit Netzen gefangen. Auch die Angelfischerei auf diesen attraktiven Fisch boomt: Etwa vor Rügen werden mit Trollingbooten erhebliche Stückzahlen des Atlantiklachses gefangen.

Etwas besser sieht die Sache mit den pazifischen Lachsen in Alaska und Kanada aus. Doch auch hier sind die Wildlachsbestände rückläufig. Der Großteil der bei uns erhältlichen Lachse stammt also aus Lachsfarmen, das sind riesige Netzgehege im Meer. Die Massenproduktion und in weiterer Folge der Konkurrenzkampf haben zur Folge, dass diese Fischart heute jederzeit und zu recht niedrigen Preisen erhältlich ist. Einen ganzen Farmlachs im Fischfachhandel zu kaufen, zu filetieren und anschließend selbst kalt zu räuchern, ist ein durchaus erschwingliches Vergnügen.

Eine Klasse für sich sind **Wildlachse**, etwa der Silber-, Rot- oder Königslachs aus dem Pazifik mit ihrem tiefroten Fleisch. Aber auch der Wildfang vom Atlantiklachs ist etwas Besonderes, auch wenn sich dieser hauptsächlich von Heringen ernährt und sein Fleisch deshalb eine blassere Farbe hat als das von Farmlachsen. In jedem Fall muss klar sein, dass Wildlachse einen erheblich höheren Preis haben müssen als Lachse, die in der Aquakultur gezüchtet wurden. Das Fleisch der Lachse hat einen hohen Fettgehalt (Omega-3) und eignet sich perfekt zum Räuchern.

Lachs ist auch eine heiße Sache ...

Beim Begriff Räucherlachs denken wir fast zwangsläufig an kaltgeräucherte Lachsfilets. In hauchdünne Scheiben aufgeschnitten, mit Weißbrot und trockenem Weißwein gereicht, kennen und lieben wir diese Delikatesse. Dabei wird aber gerne vergessen, dass Lachs auch heißgeräuchert hervorragend schmeckt.

Atlantiklachs, frisch gefangen in der Ostsee

Das Lachsfilet im Ganzen

In handliche Streifen geschnitten

Aus dem Filet lassen sich auch kleine Appetithäppchen schneiden.

Wie wir wissen, erreichen wir beim Heißräuchern zumindest vorübergehend Temperaturen bis über 100 °C. Dadurch gerinnt Eiweiß bzw. tritt aus und das Aufschneiden des Filets in feine Scheiben klappt nicht mehr. Natürlich kann man Lachsfilets im Ganzen heiß räuchern und später in Tranchen oder Stücke schneiden. Ich empfehle aber den umgekehrten Weg.

Ich schneide bereits die rohen Lachsfilets in schmale Querstreifen mit ca. 4–5 cm oder in kleine Appetithappen mit nur wenigen Quadratzentimetern, manche Hersteller bezeichnen das auch als Pralinen. Ähnliches kann man natürlich auch mit anderen Fischarten, wie z. B. dem Heilbutt, machen, nur zu dünn sollten die Filets für diesen Zweck nicht sein.

Wichtig ist, nicht nur das Fleisch, sondern auch die Haut durchzuschneiden. Anschließend kommt das geschnittene Fischfleisch in eine Salzlake. Wobei man die Konzentration bei kleinen Stücken eher geringer halten sollte, da diese das Salz sehr leicht aufnehmen. Ich empfehle etwa 50–60 g pro Liter Wasser, 100 g sind definitiv zu viel.

Die Filetstücke bleiben etwa 10 Stunden in der Salzlake.

Natürlich kann jeder hier nach Belieben Zutaten wie Wacholderbeeren, Pfeffer, Paprika, Chili, Zwiebeln usw. dazumischen oder aber fertige Räucherlaugen verwenden. Die Fischstücke bleiben wie beim Heißräuchern üblich etwa 10 Stunden in der Lake und werden dann mit Trinkwasser abgespült. Nach dem Abtropfen werden sie auf einen Gitterrost mit der Hautseite nach unten aufgelegt, der später in den Räucherofen passen muss.

TIPP! Ankleben verhindern

Um das Ankleben der Haut am Rost zu verhindern, bestreiche oder besprühe ich diesen vorher mit Trennfett aus dem Lebensmittelhandel.

Möchte man sehr kleine Appetithäppchen räuchern und ist der Rost zu grob, kann man sich mit einigen Streifen Backpapier als Unterlage behelfen. Bevor ich nun die Filetstücke oder Appetithappen in den gut vorgeheizten Räucherofen gebe, bestreue ich sie mit unterschiedlichen Auflagen, wie etwa Paprika – gemahlen oder in kleine Stücke/Streifen geschnitten –, Knoblauch als Granulat oder frisch in Stückchen geschnitten, Kürbiskernen, Mandelsplittern, Pinienkernen oder Safranfäden.

Die Filetstücke sind fertig für den Räucherofen.

Die Möglichkeiten, diese Auflagen zu variieren, sind fast unendlich, allerdings muss man bedenken, dass sie hitzeresistent sein müssen. Diese Auflagen dienen einerseits dazu, verschiedene Geschmacksrichtungen anbieten zu können, und bieten andererseits eine sehr ansprechende Dekoration.

Vom Profi ...

Der Räucherprofi Andreas Nägler verwendet außerdem Kräuter der Provence, Senfkörner, schwarzen oder weißen Sesam, Walnusshälften, Petersilie, Oregano, gehackte Haselnüsse, Rosmarin und Zitronenpfeffer als Auflage. Eine sehr delikate Auflage für Fischfilets bilden auch geschnittene schwarze Olivenringe, vor dem Auflegen sollte man sie kurz abtropfen lassen. Bei ganzen Filets lassen sich mit den diversen Auflagen auch verschiedenste Muster zaubern. Für Geburtstage und ähnliche Anlässe kann man beispielsweise mit einer Schablone aus Papier problemlos eine Jahreszahl oder andere Symbole auf das Filet zaubern. Wichtig ist, dass die Filets oder Filetstücke beim Aufbringen der verschiedenen Auflagen noch nass sind, sonst bleiben sie dort nicht haften. Durch das Heißräuchern bzw. das austretende Eiweiß verbinden sich die Auflagen dann recht gut mit den Filets und kleinen Stückchen und fallen kaum mehr herunter. Ein Problem ist das Festkleben der Hautseiten am Gitterrost, deshalb empfiehlt Andreas Nägler, diesen vor dem Räuchern mit Trennfettspray einzusprühen. Dann lassen sich die Filets bzw. Filetstücke nach dem Räuchern meist leicht vom Gitter abheben. Wenn man die Räucherware noch vor dem Auskühlen kurz vom Gitter abhebt und dann gleich wieder drauflegt, bleibt garantiert nichts kleben.

TIPP! Auflagen dezent einsetzen

Übertreiben Sie es mit den Auflagen nicht, diese sollten nur eine zusätzliche Geschmacksnuance bilden, aber keinesfalls den Eigengeschmack des Räucherlachses überlagern.

Der Heißräuchervorgang ist grundsätzlich der gleiche, egal ob ganze Fische oder Filets geräuchert werden. Allerdings sollte man vor allem bei kleinen Fischstücken oder Streifen den einen oder anderen Kontrollblick machen, um zu vermeiden, dass diese zu trocken werden.

Nach rund 30 Minuten sollten diese Fischstücke fertig geräuchert sein und man kann sie im Räucherofen selbst abkühlen lassen. Das dauert allerdings einige Zeit, weil ja der ganze Ofen zuerst abkühlen muss.

Der gut belegte Rost kommt in den vorgeheizten Räucherofen.

Nach ca. 30 Minuten ist es Zeit für einen kurzen Kontrollblick.

Die Delikatessen sind fertig, gut erkennbar am ausgetretenen Eiweiß.

Das fertige Produkt sieht nicht nur gut aus, sondern ...

Alternativ nimmt man sie heraus und lässt sie an einem kühlen Ort etwas „rasten". Dabei sollte man die Räucherware aber gut abdecken, um sie einerseits vor Fliegen zu schützen und andererseits ein Austrocknen während des Abkühlens zu verhindern. Man kann sie aber natürlich auch gleich warm und direkt aus dem Räucherofen genießen, mir persönlich schmecken sie ausgekühlt besser.

... ist ein geschmackliches Highlight auf jedem Buffet. Versuchen Sie es doch selbst.

Wer möchte, kann seine Filetstreifen oder Appetithäppchen vor dem Servieren jetzt noch mit einem kleinen Häubchen aus Oberskren oder Preiselbeeren aufpeppen.

TIPP! Rezept für Lachsrolle

Versuchen Sie sich an heißgeräucherter Lachsrolle. Die Anleitung finden Sie im Rezeptteil auf Seite 150.

MEERFORELLE

Eignung

Heißräuchern:	sehr gut geeignet
Kalträuchern:	sehr gut geeignet
Beizen:	sehr gut geeignet
Grillen:	gut geeignet
Sushi-tauglich:	gut geeignet, aber nur vom frischen Filet

Ein enger Lachsverwandter mit sehr wohlschmeckendem Fleisch ist die Meerforelle (*Salmo trutta*). Allerdings kommt man an Meerforellen normalerweise nicht so einfach heran. Da diese Fischart kaum in Aquakultur gezüchtet wird, ist man auf Wildfänge angewiesen. Ihr Fleisch ist etwas fester als das der Lachse und hat einen feinen Eigengeschmack. Wer also eine wilde Meerforelle essen möchte, muss sie sich selbst mit der Angel fangen, was zwar nicht ganz einfach ist, aber eine sehr reizvolle Fischerei, z. B. an der deutschen Ostseeküste, bietet.

Der Großteil der angelandeten Meerforellen stammt allerdings aus kommerzieller Stellnetzfischerei, das ist aber auch gleichzeitig eine Hauptursache für den Rückgang dieser Fischart.

Eine kapitale Meerforelle beim Trolling vor Rügen gefangen

BUTTERFISCH, BUTTERMAKRELE (ENGL. OILFISH)

Eignung

Heißräuchern:	eher etwas für Räucherspezialisten, auf keinen Fall zu heiß
Kalträuchern:	sehr gut geeignet; wichtig: vorher lange einbeizen
Beizen:	eher nicht geeignet
Grillen:	grundsätzlich geeignet, aber nur in kleinen Mengen genießen!
Sushi-tauglich:	grundsätzlich ja, aber nur kaltgeräuchert

Der Butterfisch (*Lepidocybium flavobrunneum*) gehört zur Familie der Makrelen und ist heute im gut sortierten Fischgeschäft frisch oder **kaltgeräuchert** erhältlich. Er gehört zu den **delikatesten Räucherfischarten** überhaupt. Sein weißes, fettreiches Fleisch ist schnittfest, sehr zart und zergeht beim Essen regelrecht auf der Zunge, zudem besitzt er fast keine störenden Gräten. Idealerweise wird er kalt geräuchert und bekommt dabei eine appetitliche goldgelbe Farbe.

HINWEIS! In Maßen genießen

Den Butterfisch sollte man in kleinen Mengen genießen, allzu viel davon ist der Verdauung abträglich.

Butterfisch – eine zarte Versuchung: Er zergeht wie Butter auf der Zunge.

THUNFISCH

Eignung

Heißräuchern:	geeignet, aber nur ganz kurz garen!
Kalträuchern:	sehr gut geeignet
Beizen:	nicht ideal
Grillen:	sehr gut geeignet, aber Vorsicht: nur ganz kurz!
Sushi:	hervorragend geeignet
Carpaccio:	sowohl roh als auch kaltgeräuchert, sehr gut geeignet

Beim Thunfisch gibt es verschiedene Arten, wie den **Blauflossenthun**, Gelbflossenthun, Großaugenthun oder den kleinwüchsigen Bonito, deren Fleischqualität unterschiedlich ist. Die gefragteste Art ist der Blauflossenthun, für den vor allem am japanischen Markt von Sushi-Liebhabern astronomische Preise bezahlt werden. So wurde bei einer Auktion Anfang 2019 in Japan ein 278 kg schwerer Blauflossenthun um etwa 2,7 Mil-

Links kalt geräuchert, rechts roh.

lionen Euro ersteigert. Der Fisch wurde vom Chef der japanischen Restaurantkette Sushi Zanmai gekauft, und würde pro Kilogramm etwa 9700 Euro kosten. Dieser enorme Wert ist auch die größte Bedrohung für diese Fischart, er wird von Fischfangflotten gnadenlos gejagt. Am wertvollsten sind die großen Muttertiere, entsprechend ist es um die Bestände bestellt. Auch für die so genannte Thunfischzucht müssen zuerst kleine wildlebende Thune gefangen werden, um sie später in Netzgehegen zu schlachtreifen Tieren zu mästen.

Mittlerweile gibt es aber auch eine nachhaltige Fischerei auf Thune in der Adria, die mit der Angelrute gefangen werden.

Das Fleisch der Thunfische hat eine **ähnliche Konsistenz wie Kalbfleisch**. Beim Heißräuchern sollte man darauf achten, dass die Gartemperatur nicht zu hoch wird. Etwa 70–80 °C Kerntemperatur über einen Zeitraum von 5–10 Minuten reichen völlig aus. Ich empfehle in jedem Falle das Kalträuchern von Thunfischen, nur so bleiben die Zartheit und das feine Aroma des Fleisches erhalten. Noch heikler ist die Garzeit beim Grillen, hier sollten die Steaks je Seite höchstens ein oder zwei Minuten über der Glut angebraten werden, sonst werden sie trocken und zäh.

Etwa 60 kg schwerer Adriathun, mit der Angelrute gefangen

MAKRELE

Eignung

Heißräuchern:	sehr gut geeignet, aber bitte nicht zu heiß, etwa 75 °C maximal
Kalträuchern:	nicht ideal
Beizen:	nicht ideal
Grillen:	sehr gut geeignet
Sushi:	nur bestimmte Arten

Sie ist ein Schwarmfisch, der in der Fischindustrie eine wichtige Rolle spielt. Auf den Markt kommt sie meist heißgeräuchert, z. B. als Pfeffermakrele. Aber auch als Steckerlfisch gegrillt ist sie sehr beliebt. Für Angelfischer ist die Makrele ebenfalls sehr interessant: Sie wird an der Nord- und Ostsee oder z. B. in Norwegen gefangen. Ihr deftiges Fleisch ist im geräucherten Zustand eine Feinheit. Wegen ihres hohen Fettgehalts sollten Makrelen am besten fangfrisch verarbeitet werden, eine längere Lagerung im Kühlschrank empfehle ich nicht, da ihr Fleisch dann rasch tranig schmeckt.

Natürlich kann man die Fische nach dem Fang auch tiefkühlen und später verarbeiten. Ich entferne vor der Heimreise den Kopf der Makrelen, um beim Transport Platz und Gewicht zu sparen. Nach dem Einbeizen (80–100 g pro Liter) bestreue ich die Makrelen noch mit frisch geriebenem (bunten) Pfeffer. Beim Fang sind diese Fische wunderschön grün-schwarz gestreift, und nach einem gelungenen Räuchergang glänzen die Makrelen dann wie Gold.

Innenseite

Außenseite

DORSCH ODER KABELJAU (Unterschied ist lediglich das Alter bzw. die Größe)

Eignung

Heißräuchern:	sehr gut geeignet
Kalträuchern:	gut geeignet
Beizen:	gut geeignet
Grillen:	sehr gut geeignet
Getrocknet:	als so genannter Stockfisch sehr gut geeignet, hat eine sehr lange Tradition

Einer der wichtigsten Speisefische aus dem Nordatlantik und dem Nordpolarmeer. Der Dorsch oder Kabeljau wird nicht nur von der Fischindustrie in riesigen Mengen gefangen, sondern ist auch ein recht beliebter Angelfisch. Neben der Nord- und Ostsee werden vor allem in Norwegen und Dänemark bei organisierten Angelreisen viele dieser delikaten Fische gefangen und verwertet. Größere Dorsche muss man in Portionen schneiden oder filetieren, um sie räuchern zu können, kleinere Exemplare bis etwa 1,5 kg können auch als Ganzes geräuchert werden. Ich bevorzuge zum Heißräuchern die Filets oder Loins (grätenloses Rückenfiletstück) vom Dorsch.

Das fettarme und zarte Fleisch erfreut sich geräuchert großer Beliebtheit. Es tendiert aber beim Heißräuchern schnell dazu, zu

Schöner Speisedorsch, frisch gefangen in der Ostsee vor Rügen

trocken zu werden. Deshalb empfehle ich, Dorsch oder Kabeljau keinesfalls zu heiß, also bei max. 80 °C ca. 30 Minuten lang zu garen und anschließend nochmals 30 Minuten bei nicht mehr als 50–60 °C im Rauch hängen zu lassen. Räuchert man Dorsche oder deren Filets zu heiß oder zu lange, wird das Fleisch schnell zäh und trocken. Auch beim Einbeizen sollte man beim Dorsch eher zurückhaltend sein und nicht mehr als 50–60 g Salz pro Liter Wasser verwenden. Am besten schmeckt geräucherter Dorsch möglichst gleich aus dem Räucherschrank, solange er noch warm ist.

KÖHLER ODER POLLACK

Eignung

Heißräuchern:	**sehr gut geeignet**
Kalträuchern:	**gut geeignet**
Beizen:	**nicht ideal**
Grillen:	**sehr gut geeignet**

Der Köhler gehört ebenfalls zu den **Dorschartigen**, sein Fleisch ist mild im Geschmack und fettarm. Wie bei den anderen Dorschartigen auch ist sein Fleisch reich an Eiweiß, Selen, Kalium, Natrium, Omega-3-Fettsäuren und Vitamin B_{12}. Dementsprechend sind diese Fische auch bei Diäten als Schonkost sehr gefragt.

Er gehört zu den **drei wichtigsten Wirtschaftsfischen** in der industriellen Meeresfischerei. Aber auch in der Angelfischerei ist er sehr beliebt und zählt zu den attraktivsten Fischarten, wenn es um Angelreisen nach Norwegen oder Island geht. Das Verbreitungsgebiet des Köhlers ist der Nordatlantik um Island, Spitzbergen, Norwegen, die Nordsee und die Ostsee.

Auf den Markt kommt der Köhler z. B. als geräucherter Seelachs, rot eingefärbt und in Öl soll sein Name einen Zusammenhang mit echten Lachsen suggerieren. Bei Menschen, die keine Ahnung von Fischen haben und die Produktbeschreibung nicht lesen, funktioniert das auch bestens. Gleiches gilt für die Handelsbezeichnung „Alaska Seelachs“.

Wie bei den vorher genannten Dorschartigen sollte man auch beim Köhler darauf achten, dass beim Heißräuchern nicht zu viel Hitze entsteht und der Räuchergang nicht zu lange dauert, da das Fleisch dann schnell zäh und trocken wird.

WITTLING, BLAUER WITTLING

Eignung

Heißräuchern:	sehr gut geeignet
Kalträuchern:	nicht ideal
Beizen:	nicht ideal
Grillen:	sehr gut geeignet

Ähnliches wie für den Dorsch gilt übrigens auch für seine nächsten Verwandten wie den Wittling und den Blauen Wittling. Letzterer besitzt übrigens keinen Bartfaden am Unterkiefer, dafür aber einen schwarzen Fleck an der Basis der Brustflossen. Kaum jemand fischt gezielt auf diese Fischart, allerdings ist er ein beliebter Beifang bei der Dorschangelei. Der Wittling gehört zu den **kleinsten Vertretern der Dorschartigen** und erreicht in Nord- und Ostsee gerade mal 30–40 cm, rund um Island werden auch die Wittlinge größer: bis etwa 75 cm. Die Filets dieser Fischart gelten als Delikatesse und werden auch als Merlanfilets bezeichnet bzw. vermarktet.

Vorsichtig heiß geräuchert zergeht das Fleisch regelrecht auf der Zunge, allerdings kann es schnell zäh und zu trocken werden. Grundsätzlich sollte man bei der Zubereitung dieser Fischart mit Gefühl vorgehen.

SCHELLFISCH

Eignung

Heißräuchern:	sehr gut geeignet
Kalträuchern:	geeignet
Beizen:	nicht ideal
Grillen:	sehr gut geeignet

Auch der Schellfisch eignet sich zum Räuchern und Beizen. Sein Fleisch ist zart und besitzt einen intensiven Meeresgeschmack. Besonders die mit der Angel gefangenen Schellfische (die in der Regel kleiner sind als die gewerblich gefangenen) haben ein besonders zartes, aromatisches Fleisch.

Kaltgeräuchert kommt der Schellfisch als Finnan Haddie oder Haddock in den Handel. Schellfisch wird übrigens auch zur Herstellung von Fish 'n' Chips verwendet. Aber auch zum Beizen eignen sich die Filets oder Stücke dieser Fischart. Dazu kann man ein Gemisch aus 2 Teilen Salz und 1 Teil Zucker (am besten brauner Rohrzucker) und ein wenig geriebenen Pfeffer verwenden. Den Fisch mit dieser Mischung auf den Fleischseiten bestreuen und anschließend mit gehacktem Dill bedecken. Die Filets dann 24–48 Stunden im Kühlschrank einziehen lassen.

DORNHAI

Eignung

die Bauchlappen: sehr gut geeignet

Die berühmten „Schillerlocken“ sind in Wirklichkeit die Bauchlappen des Dornhais. Sie werden in dünne Streifen geschnitten und heiß geräuchert. Wer das selbst versuchen möchte, sollte die Bauchlappen nur kurz einbeizen (2–3 Stunden) und auch bei der Temperatur zurückhaltend sein, ich empfehle nicht mehr als 75 °C.

Grundsätzlich kann man auch das Fleisch von anderen Haiarten dazu verwenden, man sollte aber bedenken, dass viele Arten stark gefährdet sind.

Eine beliebte Delikatesse sind die heißgeräucherten Bauchlappen des Dornhaies.

HERING

Eignung

Heißräuchern: sehr gut geeignet
Kalträuchern: gut geeignet
Beizen: eigentlich fermentieren, als Matjeshering sehr populär
Grillen: sehr gut geeignet, ich empfehle, das aber unbedingt im Freien zu machen (intensiver Geruch)

Weitere Verwendungsmöglichkeiten:
Bismarckhering (Filets in Marinade mit Essig), Teufelsroller (Filets in Marinade mit Paprika, scharf), Rollmops (Filets in Marinade mit Zwiebel und Gewürzen), Russen (Filets samt Wirbelsäule und Gräten in saurer Marinade)

Der Hering ist wohl einer der wichtigsten und vielseitigsten maritimen Speisefische. Er ist von enormer Bedeutung für die Industriefischerei in der Nord- und Ostsee sowie im Atlantik und wird auch als das „Silber der Meere“ bezeichnet. Er hat ein sehr zartes, aber gleichzeitig fettreiches Fleisch, das reich an Omega-3-Fettsäuren ist. Heringe bleiben relativ klein und erreichen meist nur 20–25 cm Länge, dafür kommen sie in riesigen Schwärmen vor. Was allerdings nicht bedeutet, dass ihre Bestände unerschöpflich wären, deshalb gibt es für den Hering jedes Jahr neue Fangquoten der EU für die gewerbliche Netzfischerei, die ihn mit Ringwaden und Schleppnetzen fängt. Forscher haben den Rückgang der Heringsbestände auch mit dem Klimawandel in Verbindung gebracht. Der Hering ist aber nicht nur bei uns Menschen begehrt, sondern auch die Lebensgrundlage für viele Meeresraubfische wie etwa den Lachs.

Der Hering lässt sich auf verschiedenste Arten zubereiten, so eignet er sich hervorragend zum Heißräuchern. Die Heringe müssen dabei nicht zwingend ausgenommen werden (die Kiemen sollten jedoch entfernt werden). Manche Räucherspezis schwören auf ganze Heringe, weil sie saftiger bleiben und intensiver schmecken. Man spricht dann auch von so genannten Bücklingen, weil die Fische durch den Räuchervorgang hinter dem Kopf einen Knick in der Wirbelsäule bekommen.

Oft werden Heringe nebeneinander auf passende Metallstangen aufgespießt, um nicht jeden einzeln auf einen Haken hängen zu müssen. Dabei unterscheidet sich der Räuchervorgang in den Grundzügen nicht wesentlich vom Räuchern von Forellen oder Makrelen.

Um später eine satte Goldfärbung zu erreichen, sollte man die Heringe noch feucht in den Räucherschrank hängen. Ich persönlich empfehle eine eher milde Lake mit ca. 60–70 g Salz/Liter Wasser für die Dauer von etwa 8–10 Stunden. Die Temperaturführung sollte ebenfalls gemäßigt erfolgen, da der Hering zwar ein fettreiches Fleisch besitzt, die Fische in der Regel aber kaum größer als 25 cm sind. Ich schlage max. 1 Stunde bei ca. 80 °C zum Garen und dann noch ca. 30 Minuten zum Färben bei etwa 50–60 °C vor. Bei kleinen Exemplaren kann man die genannten Parameter durchaus reduzieren.

Der Hering wird auch das „Silber der Meere“ genannt und ist vielseitig verwendbar.

Viele Räucherprofis schwören beim Heißräuchern von Heringen auf Erle als Räucherholz, es gibt ein mildes Raucharoma ab und färbt die Fische besonders schön golden.

Natürlich kann man Heringe auch kalt räuchern, entweder im Ganzen oder nur die Filets: Beides ist möglich, wobei die ganzen Heringe etwas länger im Rauch bleiben sollten als die Filets. Das Einbeizen kann über eine standardmäßige Salzlake erfolgen, manche Spezialisten salzen ihre Heringe zum Kalträuchern aber auch von Hand mit grobem Bäckersalz ein. Der Räuchervorgang kann bei Filets schon nach etwa 6–8 Stunden beendet werden, bei ganzen, nicht ausgenommenen Heringen aber durchaus 12–24 Stunden dauern.

SPROTTEN

Eignung

Heißräuchern:	**sehr gut geeignet**
Kalträuchern:	**geeignet**
Beizen:	**eher nicht**
Grillen:	**einen Versuch wert, aber nicht üblich**

Sprotten werden oft heiß geräuchert und als Konserven haltbar gemacht.

Klein, aber besonders fein: So könnte man die Eigenschaften dieses heringsähnlichen Fisches zusammenfassen. Sprotten erreichen meist kaum 20 cm, wobei die kleineren Exemplare, so zwischen 10 und 12 cm, besonders delikat schmecken. Sie ernähren sich ähnlich wie ihre nahen Verwandten, die Heringe, von Zooplankton und kommen hauptsächlich in der Nord- und Ostsee sowie im Nordostatlantik vor. Alljährlich finden große traditionelle Veranstaltungen im Zusammenhang mit dieser kleinen Fischart statt, wie etwa die Eckernförder Sprottentage. Aber auch lokale Bezeichnungen wie die Kieler Sprotten (aus dem Großraum der Kieler Bucht), die eine bestimmte Herkunft bezeichnen, haben eine sehr lange Tradition und zeugen von der Bedeutung der kleinen Fischart.

Die kleinen Heringsverwandten sind geräuchert eine Delikatesse.

Ich persönlich kenne nur heißgeräucherte Sprotten. Manche Feinschmecker essen sie traditionell „mit Kopp un Steert“ also mit Kopf und Schwanz, ja mancherorts sogar samt Gräten. Ich bevorzuge diese delikaten Fische ohne Kopf und entferne im Idealfall auch den Schwanz samt Wirbelsäule und Gräten. Wichtig ist, dass diese Fische mild gesalzen und keinesfalls zu heiß geräuchert werden. Es reicht eine etwa 5%ige Salzlake für 6–8 Stunden und eine Räuchertemperatur von etwa 70 °C.

Plattfische

SCHOLLE, KLIESCHE, FLUNDER, STEINBUTT

Eignung

Heißräuchern:	sehr gut geeignet
Kalträuchern:	sehr gut geeignet
Beizen:	bedingt geeignet
Grillen:	sehr gut geeignet

Das saftige und beinahe grätenlose Fleisch der Plattfische eignet sich sehr gut zum Räuchern und Grillen. Selbst gefangene Fische müssen vorher aber sauber ausgenommen und die kleine Leibeshöhle gründlich ausgewaschen werden.

Ich empfehle gerade bei den Plattfischen ein entsprechendes **Entschleimen**, um später ein optisch ansprechendes Produkt zu erhalten.

Anschließend gebe ich die „Platten" für etwa 10 Stunden in eine etwa 8%ige Salzlake, der ich nach Lust und Laune Pfeffer oder geschrotete Wacholderbeeren zugebe. Danach muss man die Fische wieder gründlich abspülen und kurz trocknen lassen. Kleinere Plattfische wie Schollen, Klieschen oder Seezungen können problemlos im Ganzen geräuchert werden, sind sie zu groß, kann man sie z. B. in zwei Hälften teilen.

Ob man die Plattfische auf dem Rost liegend oder mit Haken aufgehängt räuchern möchte, ist Geschmackssache. Ich räuchere sie meist im Liegen und in zwei Hälften geschnitten. Hat man mehrere Gitter übereinander im Räucherofen, muss man darauf achten, dass kein Fett oder Kondenswasser von den oberen Etagen auf die darunterliegenden Fische tropft.

Beim Heißräuchern kommen die Fische in den vorgeheizten Ofen und bleiben dort für etwa 30–40 Minuten bei rund 75 °C Gartemperatur.

Anschließend beginne ich mit der Räucherphase und lasse die Temperatur bei

Steinbutt, heißgeräuchert; sichtbar die ursprünglich weiße Unterseite

Steinbutt, heißgeräuchert; sichtbar die ursprünglich dunkle Oberseite

viel Rauchentwicklung innerhalb 1 Stunde langsam bis auf ca. 40 °C sinken.

TIPP! Gleich essen

Essen Sie Plattfische wenn möglich gleich warm aus dem Räucherschrank, so schmecken sie am besten.

TIPP! Seezungen

Vorsicht bei Seezungen, sie sind extrem empfindlich und benötigen geringere Salzkonzentrationen bei der Lake und eine gefühlvolle Temperaturführung beim Räuchern.

HEILBUTT

Eignung

Heißräuchern:	**gut geeignet**
Kalträuchern:	**sehr gut geeignet**
Beizen:	**geeignet**
Grillen:	**gut geeignet**

Heilbutt, **kaltgeräuchert**, gehört für mich zu den absoluten Highlights unter den Räucherfischen. Es ist auch nicht schwierig und funktioniert ähnlich wie beim Lachsräuchern. Natürlich kann man große Filetstücke in den Kalträucherschrank legen und räuchern. Ich mag aber eher klein geschnittene Stücke oder Streifen mit 15 x 5 cm lieber, an denen ich die Haut belasse, weil diese ansprechender aussehen und saftiger bleiben.

Ich bevorzuge das trockene Einbeizen mit einer Salz/Zucker/Kräuter-Mischung im Verhältnis 3 : 2 ähnlich wie beim Lachs. Man kann die Filets oder Stücke aber auch in einer herkömmlichen Salzlake (6 % über ca. 8 Stunden) unter Zugabe von diversen Kräutern einlegen. Beim Trockensalzen lasse ich die Stücke etwa 24 Stunden ziehen, um sie dann etwa 12–24 Stunden bei max. 25 °C kalt zu räuchern. Die Dauer beim Einbeizen und Räuchern hängt natürlich von der Größe bzw. Dicke der Filets bzw. Stücke ab.

Beim Heißräuchern empfehle ich nach dem Abspülen mit sauberem Wasser eine kurze Trockenphase und hänge oder lege die Heilbuttstücke in den vorgeheizten Räucherofen. Wie bei den anderen Plattfischen sollte die Garphase etwa 30–40 Minuten bei rund 80 °C betragen. Anschließend folgt die Färbephase, die nicht länger als 40 Minuten betragen sollte, um den Fisch bzw. die Stücke nicht trocken werden zu lassen.

WOLFSBARSCH

Eignung

Heißräuchern:	sehr gut geeignet
Kalträuchern:	bedingt geeignet
Beizen:	bedingt geeignet
Grillen:	sehr gut geeignet

Der Wolfsbarsch gehört zu den **begehrtesten Speisefischen überhaupt**, sein weißes, festes Fleisch eignet sich nicht nur zum Räuchern, sondern auch zum Grillen hervorragend. Bezüglich seiner Verfügbarkeit sollte man wissen, dass die Wildbestände dieser Fischart in keinem guten Zustand sind. Hauptgrund dafür ist wohl der hohe Befischungsdruck durch die gewerbliche Fischerei. Als Alternative gibt es den Wolfsbarsch noch aus **Aquakultur**, daher ist er im Fischfachgeschäft fast jederzeit erhältlich.

Bei der Konzentration der Salzlake zum Heißräuchern sollte man eher zurückhaltend sein und nicht mehr als 6 % Salz beimischen. Grundsätzlich passen Kräuter und Gewürze gut zu diesem Fisch. Wegen seines feinen Eigengeschmacks sollte man es damit aber nicht übertreiben.

Wolfsbarsch in Salzkruste ist sehr beliebt, dabei sollte man den Fisch aber nicht abschuppen, und das Salz nur außen auftragen und nicht in die Leibeshöhle geben, da er sonst zu salzig wird.

Der Wolfsbarsch links im Bild eignet sich ideal zum Heißräuchern und Grillen. Aber auch die Doraden rechts im Bild schmecken heißgeräuchert sehr delikat.

Wolfsbarsch vom Grill

Krustentiere

■ FLUSSKREBSE, GARNELEN, HUMMER

Eignung

Heißräuchern:	**grundsätzlich gut geeignet**
Kalträuchern:	**geeignet**
Beizen:	**eher nicht geeignet**
Grillen:	**gut geeignet**

Natürlich kann man auch Krebse oder Garnelen durch Räuchern verfeinern und noch delikater machen. Wer die Tiere als Tiefkühlkost kauft, kann sie gleich in diesem Zustand für etwa 5–10 Minuten vorkochen. Hat man aber die Möglichkeit, **lebende Krebse** zu bekommen (das Fleisch ist dann wesentlich fester), muss man die Tiere natürlich töten. In Ermangelung anderer, besserer Tötungsmethoden werden die lebenden Tiere einzeln in einen Topf mit sprudelnd kochendem Wasser geworfen, dem man vorher 5 % Salz, etwas Kümmel und Dill beigibt. Nach etwa 5 Minuten nimmt man die mittlerweile roten Krebse aus dem Wasser und lässt sie auf einer Küchenrolle gut abtropfen. Anschließend kommen die Krebse auf einen Rost, der in den auf etwa 80 °C vorgeheizten Räucherofen gegeben wird. Dort bleiben die Krebse dann bei unveränderter Temperatur für etwa 15 Minuten. Wer möchte, kann sie noch länger im Räucherschrank belassen, allerding empfehle ich dann nur mehr eine Färbungsphase bei sinkenden Temperaturen. Die Krebse bekommen durch den Räuchergang eine besonders würzige Note, und Sie können so Ihren Freunden oder Kunden eine ungewöhnliche Delikatesse präsentieren.

Wer eine ganz besondere Spezialität möchte, kann auf ähnliche Weise auch **Hummer** räuchern. Da diese Tiere aber erheblich größer als herkömmliche Krebse sind, benötigen sie auch längere Gar- bzw. Räucherzeiten.

Ein ganz besonderer Gaumenschmaus sind auch **geräucherte Garnelen.** Man erhält sie in der Regel als Tiefkühlkost und kann

Die aus Nordamerika stammenden Signalkrebse sind gekocht eine Delikatesse, wer sie noch verfeinern möchte, kann sie nachher noch in den Heißräucherofen geben.

sie wie die Krebse für wenige Minuten in kochendem Wasser vorgaren. Nach dem kurzen Abtropfen kommen sie auf einen Gitterrost und in den vorgeheizten Räucherschrank. Die Temperatur sollte 80 °C nicht überschreiten, je nach Größe der Garnelen reichen 10–20 Minuten bei der Temperatur. Auch bei den Garnelen kann man das Raucharoma noch verstärken, indem man sie bei sinkenden Temperaturen noch einige Zeit im Rauch belässt.

Muscheln, Schalentiere

Grundsätzlich kann man auch Muscheln räuchern, ich empfehle dazu Arten mit ausreichender Größe wie etwa neuseeländische Grünschalmuscheln oder Jakobsmuscheln. Im Handel bekommt man diese Tiere meist tiefgefroren und vorgegart oder pochiert.

Ich koche sie vor dem Räuchern in einem Sud aus Wurzelgemüse, Wacholderbeeren, Zwiebeln, Weißwein, Wasser, Lorbeeren, Salz und Pfeffer für etwa 5–10 Minuten auf, um sie zu verfeinern. Zum Heißräuchern kommen sie nach einer kurzen Abtropfphase auf einem geeigneten Rost für etwa 15–30 Minuten in den auf etwa 75 °C vorgeheizten Räucherofen. Wichtig ist, die Muscheln mit der Schale nach oben auf den Rost zu legen. Wer möchte, kann bei sinkenden Temperaturen noch eine Phase mit intensivem Rauch folgen lassen.

Nur wenn die Muscheln mit der Fleischseite nach unten auf dem Rost geräuchert werden, nehmen sie die schöne Farbe und das intensive Raucharoma gut an (oben).

Jakobs- und Grünschalmuscheln – Meeresfrüchte, die sich nach kurzem Vorkochen und anschließendem Heißräuchern in besondere Delikatessen verwandeln lassen (rechts).

DAS RÄUCHERN VON FISCHEN

Die Fischauswahl ist gefallen und in den vorherigen Kapiteln wurde auch beschrieben, wie man Fische richtig vorbereitet. Nun geht es an die unmittelbare Vorbehandlung der Fische vor dem Räuchern.

DAS RICHTIGE WÜRZEN, EINSUREN UND VORBEHANDELN DER FISCHE

Ganz entscheidend für den Erfolg – sprich: den guten Geschmack der Räucherfische – ist das entsprechende **Einsalzen**, auch Einsuren genannt. Es muss klar sein, dass der Vorgang des Salzens vor dem Räuchern abgeschlossen sein muss, ein Nachsalzen, wie das z. B. bei einem gekochten Fisch möglich ist, ist bei Räucherfischen kaum machbar.

Grundsätzlich gibt es dafür **zwei Möglichkeiten**:

- das so genannte Trockensalzen und
- das Nasssalzen.

Verwenden sollte man ausschließlich **Speisesalz oder fertige Räucherlaugen**, die mit verschiedensten Kräutern und Gewürzen angereichert sind.

Trockensalzen

Diese Methode hat den **Vorteil**, dass man die Fische **relativ rasch**, meist schon **nach 1,5 bis 2 Stunden** in den Räucherschrank hängen kann. Allerdings ist die Dauer des Einsalzens von der Größe der Fische abhängig. Außerdem zieht das Salz bei vorher tiefgefrorenen Fischen deutlich schneller ein als bei fangfrischen. Beim Trockensalzen ist ein **gleichmäßiges Durchziehen** des Salzes daher **nicht immer gewährleistet**.

Bei dieser Methode werden die **Fische einzeln von Hand mit Speisesalz eingerieben.** Wichtig ist dabei, dass nicht nur die Außenseiten der Fische, sondern auch die Bauchhöhlen entsprechend mit Salz behandelt werden. Recht zweckmäßig sind bei dieser Arbeit dünne Latexhandschuhe, wie sie im Handel erhältlich sind. Damit kann man seine Haut ganz erheblich schonen – dies ist vor allem bei empfindlicher Haut und größeren Fischmengen angebracht.

Die mit Salz eingeriebenen Fische werden beim Trockensalzen **schichtweise in ein Kunststoffgefäß gelegt**. Nach Möglichkeit sollten die Fische gegengleich, also Kopf zu

Beim Trockensalzen muss auch die Bauchhöhle eingerieben werden! (Im Bild Renken)

Schwanz, gelegt werden, um eine gleichmäßige Verteilung zu erzielen. Günstig zum Trockensalzen sind Kunststoffgefäße, die am Boden einige kleine Löcher oder einen Abtropfeinsatz besitzen, da sich bei mehreren Fischen am Boden gerne eine hochkonzentrierte Salzlösung bildet. Die unterste Schicht der Fische würde dann ziemlich versalzen werden, durch die Löcher im Boden kann diese Salzlösung jedoch ablaufen.

Nasssalzen, Würzen in Salzlake bzw. Räucherlauge

Dieser Vorgang dauert entweder rund 10 bis 12 Stunden oder 2 bis 3 Stunden – je nach Salzkonzentration. Das Nasssalzverfahren bietet gegenüber der Trockensalzmethode erhebliche Vorteile. Einerseits ist in der Salzlake eine recht **gleichmäßige Verteilung der Fische und der Würzmittel** gewährleistet, andererseits ist das Nasssalzverfahren viel **effizienter** als das Trockensalzen. Auch hier gilt: Vorher tiefgefrorene Fische nehmen die Salzlake schneller und intensiver an als fangfrische. Das wirkt sich vor allem bei der Dauer des „Einsurens" aus. Bei tiefgefrorenen Fischen sollte man auch darauf achten, dass im Bauchraum kein Eis verbleibt, sonst ist keine gleichmäßige Verteilung des Salzes gegeben. Das passiert am ehesten bei Fischen, die vor dem Einsuren noch nicht zur Gänze aufgetaut waren.

Das richtige Verhältnis

Man geht im Normalfall, bei Forellen oder Renken in Speisefischgröße, also mit 250 bis 300 g, von ca. **10 bis 12 Stunden** aus. Vorher **tiefgefrorene Fische** benötigen je nach Größe **2 bis 3 Stunden weniger Zeit** in der Salzlake. Diese Zeitangaben beziehen sich auf ein Wasser-Salz-Verhältnis von ca. **80 bis 100 g Salz auf je 1 l Wasser.**

Es gibt aber noch eine andere Möglichkeit: Man gibt einer bestimmten Menge Wasser so lange Salz zu, bis die Lösung gesättigt ist. Dies erkennt man leicht daran, dass ein rohes Ei oder eine Kartoffel, die man vorher

Nasssalzen: Die Fische sollten von der Salzlake bedeckt sein.

ins Wasser gelegt hat, aufschwimmt. Wer jedoch öfter räuchert, sollte sich einen Aerometer (Sudmesser) zulegen; mit diesem Messgerät kann man ganz einfach und jederzeit die Salzkonzentration feststellen. Bei einer gesättigten Salzlösung hat man dann ca. 30 % Sättigung. In die gesättigte Salzlösung sollen die Fische aber nur etwa 2 bis 3 Stunden eingelegt werden.

TIPP! Faustregel

Wichtig ist, dass die Fische von der Salzlake zur Gänze bedeckt sind bzw. dass genügend Salzlake vorbereitet wird. Als Faustregel kann gelten: 10 kg Fisch, 15 l Wasser.

Diese Angaben sind Richtwerte, jeder wird im Laufe der Zeit seine eigenen Berechnungen betreffend Konzentration und Dauer anstellen, die, abgestimmt auf Fischart, Fischgröße und vor allem Geschmack, für ihn ideal erscheinen. In jedem Falle sollte man die Fische aber nach dem Herausnehmen aus der Lake oder aus der Trockensalzung mit Trinkwasser abspülen, dabei sollte man das Schuppenkleid bei empfindlichen Fischen, wie z. B. Renken, aber nicht zu sehr verletzen. Erfolgt keine Abspülung, so entstehen unschöne Krusten auf der Fischhaut, und die Fische schmecken sehr salzig.

Marinaden, Gewürzmischungen

Viele Fischarten besitzen ein typisches, arteigenes Aroma, wie z. B. Äsche, Renke, Forelle, Hecht oder Aal. Dieser Eigengeschmack sollte durch das Würzen nicht zu sehr verfälscht bzw. überdeckt werden. Andere Fischarten, besonders die Weißfische, weisen keinen so ausgeprägten artspezifischen Geschmack auf. Dort bietet sich natürlich eine Verfeinerung mit diversen Küchenkräutern bzw. Gewürzmischungen an. Dabei sind der Fantasie kaum Grenzen gesetzt. Würzen ist eine Erfahrungssache, und mit der Zeit wird jeder sein ganz persönliches Rezept für den unverwechselbar

In Gewürzmischung (Räucherlauge) eingesurte Fische

Gebrauchsfertige Räucherlauge der Fa. Jenzi

guten Geschmack seiner Räucherfische entwickeln. Zum Würzen eignen sich fast alle Küchengewürze, so etwa Wacholder, Thymian, Basilikum, Knoblauch, Zwiebel, Paprika, Curry usw., die beim Salzen beigefügt werden können.

Es bieten sich also zahlreiche Geschmacksvariationen zum Ausprobieren an. Natürlich gibt es aber auch fertige Gewürzmischungen zum Verfeinern unseres Räucherfisches, die Auswahl im Internet ist mittlerweile unglaublich groß.

RÄUCHERÖFEN

Die Palette der Räuchergeräte reicht vom kleinen Tischräucherofen über kompakte Kleinräuchergeräte, selbstgebaute Räuchertonnen aus leeren Ölfässern bis hin zu Großräucheröfen, die elektrisch beheizt und deren Temperaturkurve computergesteuert ist.

Dazwischen bleibt jede Menge Platz für individuelle Lösungen, beginnen wir aber bei den Kleinräucheröfen.

Tischräucheröfen

Immer mehr in Mode kommen so genannte Tischräuchergeräte, diese sind handlich und liefern in erstaunlich kurzer Zeit wohlschmeckende Räucherware:

- Die bereits **fertig gewürzten Fische oder Filets** werden
- **auf ein oder zwei Grillrosten in das Gerät eingelegt,**
- die rasche **Garung** erfolgt hier wie beim Grillen **durch die Temperatur,**
- **zur Färbung** wird **Räuchermehl** in eine dafür vorgesehene Vertiefung eingestreut.

Das Fassungsvermögen solcher Tischräucheröfen ist jedoch begrenzt, meist ist darin Platz für zwei bis acht Stück Portionsfische. Betrieben werden diese Kleingeräte mit Spiritus (trocken oder flüssig).

Achten Sie bei der Verwendung von Flüssigspiritus auf die Verbrennungsgefahr, oft sieht man die bereits entzündete Flamme nicht. Verwenden Sie zum Entzünden von Flüssigspiritus geeignete extra lange Zündhölzer bzw. zusammengefaltetes Papier.

Das Feine an diesen Geräten ist, dass **während des Räuchervorgangs nur wenig Rauch entweicht**, was den Vorteil hat, dass man sie problemlos auf Balkonen oder Terrassen betreiben kann. Die Färbung und das spezielle Aroma erhalten die Fische durch die Zugabe von Räuchermehl, das im Handel erhältlich ist und ohnedies meist mitgeliefert wird. Die **Garzeit** beträgt im Schnitt nur **15 bis 25 Minuten**. Bei größeren Fischen verlängert sie sich allerdings deutlich.

Achten Sie bitte auf die Einhaltung der Gebrauchsanweisung, denn die Angaben betreffend die Spiritusmengen, das benötigte Räuchermehl bzw. die Garzeiten sind meist genau auf das betreffende Gerät abgestimmt.

HINWEIS! Haltbarkeit

Die Fische sind bei diesen Tischgeräten zwar rasch fertig, man sollte sie aber auch gleich warm verzehren. Eine lange Haltbarkeit (ca. eine Woche) wie bei üblichen Räucherfischen aus größeren Räucheröfen ist hier nämlich nicht gegeben.

Diese Tischräuchergeräte eignen sich hervorragend für spontane Feste und Anlässe in kleinerem Kreise. Bei der Verwendung im Freien sollte man allerdings darauf achten, dass das Räuchergerät windgeschützt aufgestellt ist, da anderenfalls die Wärmezufuhr unter Umständen nicht ausreichend ist.

Übrigens lässt sich mit diesen Geräten **ohne die Beigabe von Räuchermehl** auch tadellos **grillen**. Geradezu ideal sind solche Tischräuchergeräte auch für Angelfischer, die sich ihren Tagesfang im Kreise von Familie oder Freunden am Ende des Angeltages räuchern möchten. Dabei können nicht nur die herkömmlichen Speisefische, wie Forellen, Makrelen usw., verarbeitet werden, sondern auch „unspektakuläre" Kleinfischarten, wie z. B. Seelauben, Rotaugen, Hasel und Barsche. Größere Fische können in den Tischräucheröfen ebenso zubereitet werden, allerdings muss man sie zuvor entsprechend zerteilen, damit sie Platz finden.

Im Handel sind bereits recht funktionelle Tischräuchergeräte erhältlich, z. B. von Fa. Jenzi. Vertrieben werden sie auch in jedem gut sortierten Angelgeräteladen.

Tischräucherofen (Fa. Jenzi): Das Befüllen der Spiritusbrenner.

Die Luftzufuhr kann reguliert werden.

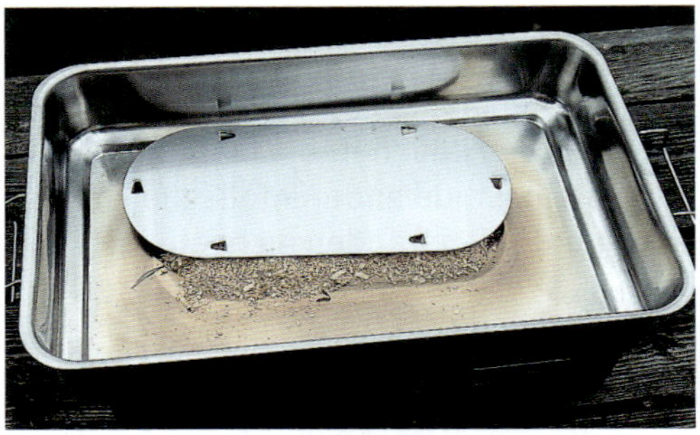

Räuchermehlpfanne mit aufgesetztem Saftabweiser

Eingewürzte Fische, bereit zum Räuchern

Fertig geräucherte Fische

TIPPS! Für gutes Gelingen

- Bei Beginn des Räuchervorganges sollte man den Deckel einen Spalt offenlassen, damit der Wasserdampf, der durch die Hitzeentwicklung entsteht, entweichen kann.
- Außerdem sollten die Fische den Metallrahmen nicht berühren, da sie sonst unschöne Flecken bekommen bzw. dort anbrennen können.
- Die Fische sollten, nachdem sie trocken oder nass eingesalzen wurden, gut abgespült und dann getrocknet (luftig aufgehängt) werden, ehe man sie in den Tischräucherofen gibt, sie bekommen ansonsten keine schöne Färbung. Denn eigentlich handelt es sich bei den Tischräucheröfen um eine Art Dampfgaren mit Raucheinwirkung.

Kompakte Kleinräuchergeräte

Es gibt im Handel einige recht ansprechende Kleinräuchergeräte. Das Fassungsvermögen dieser Räucheröfen liegt etwa zwischen 10 und 20 normalen Portionsfischen. Bekannt hierfür sind bereits einige Firmen, deren Geräte einer hohen Bewährungsprobe standhalten. Diese Vorrichtungen werden elektrisch betrieben bzw. beheizt.

Der **Rauch** entsteht durch **Verglimmen von Räuchermehl**, das in eine Räuchermehlschale direkt über der Heizschlange gestreut wird; darüber befindet sich dann noch eine Saftauffangschale, die dem Zweck dient, dass kein Fett in das glimmende Räuchermehl tropft.

Die **Fische liegen** entweder am Rücken **auf einem speziellen Rost**, was den Vorteil hat, dass der entstehende Saft im Fisch (Bauchraum) bleibt und so dessen besondere Saftigkeit bewirkt, oder sie werden mit herkömmlichen Räucherhaken aufgehängt. Für eine konstante Temperatur und somit auch gleichbleibende Qualität sorgt ein automatischer Thermostat, der sich von 50–250 °C regeln lässt. Vor dem ersten Räuchern sollte man diese Geräte zunächst ohne Fische ordentlich durchheizen, das gilt übrigens auch für andere Kleinräuchergeräte.

Recht interessant erscheinen auch **spezielle Grillräuchergeräte**, die mit Räuchermehl, Grillräucherkohle, Gas oder elektrischem Heizstab betrieben werden können. Praktisch ist auch ein passender Aufsatz, der die Kapazität dieser Geräte verdoppelt bzw. auch das Räuchern von Aalen ermöglicht. Ungewöhnlich ist die lange Räucherdauer bei diesen Geräten, sie liegt bei rund **4,5 Stunden** beim Heißräuchern, dabei soll die Temperatur nicht über 60 °C steigen. Diese wird durch das verglimmende Räuchermehl bzw. durch die spezielle Grillräucherkohle erzeugt, die durch zwei zusammengerollte Bierdeckel entzündet wird. Die gerollten Bierdeckel wirken wie „Kamine" und bringen das umgebende Räuchermehl zum Glimmen. Zum Heißräuchern muss die Räuchermehllade ganz gefüllt werden, zum Kalträuchern nur zur Hälfte.

Durch das Glasfenster in der Türe kann man die Entwicklung der Fische beobachten, allerdings empfehle ich, das Glasfenster nach jedem Räucherdurchgang mit Backrohrreiniger zu reinigen, um die Transparenz zu erhalten. Während der relativ langen Räucherzeit bei diesen Geräten gehen der Garungs- und der **Färbungsprozess** ineinander über bzw. passieren gleichzeitig. Das Ergebnis kann sich aber sehen lassen.

Kompaktes Kleinräuchergerät mit Elektroheizung (Fa. FAIE) bietet Platz für 15 bis 20 Fische. Die perfekte Temperaturregelung dank Elektroheizung führt zu erstklassigen Ergebnissen. Delikate Renken und Seesaiblinge aus dem Mondsee heiß geräuchert im kompakten Räucherofen der Fa. FAIE

Praktischerweise kann man auf diesen Kleinräucheröfen auch noch einen **Grillaufsatz** draufsetzen und erhält so ein Grillräuchergerät.

Auch zum **Kalträuchern** sind diese speziellen Geräte geeignet. Dazu füllt man den Räuchermehlkasten jedoch nur ca. 5 cm hoch mit Räuchermehl, drückt es mit den Händen nieder und entzündet dieses mit nur einem Bierdeckel. Die Räucherzeit beträgt hier beim Kalträuchern ca. 6 bis 8 Stunden.

Selbstbau von Räucheröfen

Grundsätzlich gibt es zahllose Möglichkeiten, selbst einen Räucherofen zu bauen. Räucheröfen können aus Holz, Metall und Ziegeln hergestellt werden. Holzräucheröfen haben den Vorteil einer guten Wärmeisolation und sind einfach zu bauen, gemauerte Öfen speichern die Hitze lange, benötigen aber längere Zeit zum Aufheizen. Räucheröfen aus Metall (z. B. alter Metallspind) sind relativ einfach zu bauen, haben aber den Nachteil, dass sie keine gute Wärmeisolierung besitzen. Trotz der Anleitung steht außer Frage, dass jeder beim Bau seines Räucherofens seiner Fantasie freien Lauf lassen kann. Einige Grundvoraussetzungen müssen aber alle Räucheröfen aufweisen.

Feuerungsvorrichtung

Eine entsprechende Feuerungsvorrichtung (Feuerstelle, Feuerlade), wo die erforderliche Glut bzw. das am Anfang erforderliche Feuer gefahrlos entfacht und auch reguliert werden kann, ist notwendig. Es gibt aber auch die Möglichkeit, die Hitze zum Garen der Fische bequem durch einen elektrischen Heizstab bzw. eine Heizspirale oder durch eine Gasfeuerung zu bewirken. Man bekommt diese „bequemen Hitzeerzeuger" im Fachhandel, wo z. B. die Fa. Grassl ein breites Angebot an bewährtem Zubehör führt.

Abtropfblech

Ein Abtropfblech verhindert, dass von den Fischen herabtropfendes Fett direkt in die

Räucherofen, gemauert

Räucherofen, gemauert

Glut tropft. Dort würde es verbrennen, und schädliche Stoffe im Rauch wären die Folge. Überdies verhindert das Abtropfblech auch, dass eventuell „abstürzende“ Fische direkt in die Glut fallen und dort verbrennen und somit verloren sind.

Räuchermehltasse

Will man das Räuchermehl nicht einfach auf die Glut streuen, wo es relativ rasch verbrennt, so kann man unter dem Abtropfblech eine spezielle Räuchermehltasse vorsehen, in der das Räuchermehl verglimmt bzw. den färbenden Rauch erzeugt.

Räucherkasten

Im Räucherkasten selbst werden die Fische dann **eingehängt oder auf speziellen Rosten aufgelegt**. Die Größe des Räucherkastens richtet sich vor allem nach dem Bedarf. Wie viele und wie große Fische sollen geräuchert werden? Man kann den Räucherkasten für nur eine Etage bauen, günstig sind jedoch **wenigstens zwei Etagen**, um auch Aale (wegen ihrer Länge) sowie fallweise auch mehr Fische räuchern zu können. Nicht vergessen sollte man auch auf die Bohrung für das Thermometer, diese sollte im oberen Drittel des Räucherkastens durchgeführt werden.

Hakenstangen, Hakengitter

Für das Einhängen mit Haken sind **Hakenstangen aus Metall oder Holz** erforderlich. Diese Stangen kann man einzeln einschieben oder man fasst mehrere Stangen für jeweils eine Etage zusammen. Diese „Hakengitter“ (siehe Skizze Seite 90) können sodann mit den bereits aufgehängten Fischen bequem in den Räucherkasten eingeschoben werden. Entsprechend der Dicke dieser Stangen müssen auch die Einhängebögen der Haken geformt werden. Zum Einschieben eventueller Roste (z. B. für Filets) sollte man an den Wänden des Räucherkastens Schienen vorsehen (siehe Skizze Seite 91).

Entsprechende, möglichst dichte Türen müssen ein problemloses Beschicken und Entnehmen der Räucherware ermöglichen. Schließlich ist noch eine funktionelle Rauchabzugsklappe zum erfolgreichen Räuchern unerlässlich. Natürlich sind alle hier beschriebenen Zubehörteile im Fachhandel erhältlich, mit etwas Geschick kann man sie aber auch selbst anfertigen. Pläne für einen Räucherofen aus Holz und Ziegel (Institut für Fischereibiologie, Scharfling) siehe Seite 88–93.

Rauchabzugsklappe händisch regulierbar (Fa. Grassl)

Externe Raucherzeugung

Für das Kalträuchern im Besonderen, aber auch für das Heißräuchern, um ein kräftiges Raucharoma und eine goldene Farbe zu erreichen, eignen sich spezielle Kaltraucherzeuger (Kaltrauchgeneratoren), die Räuchermehl oder Räucherchips (Chunks) verglimmen. Die großen Varianten bestehen meist aus einem Metallrohr, das mit Räucherchips befüllt wird, einem Silikonschlauch und einer kleinen Membran-Luftpumpe. Die kostengünstigere Variante ist der so genannte Sparbrand, das sind einfache Raucherzeuger, in denen das Räuchermehl von selbst verglimmt. Sie bestehen im Idealfall aus gelochtem Edelstahl oder feinem Edelstahlgitter und werden in verschiedensten Formen angeboten. Meist haben sie eine Schlangen- oder Schneckenform, in der das Räuchermehl in vorgegebenen Bahnen verglimmt.

Für größere Räucherschränke und den gewerblichen Gebrauch gibt es natürlich externe **elektrische Raucherzeuger**, die Räuchermehl verglimmen, dieser Vorgang läuft gleichmäßig und kontrolliert ab. Der entstehende Rauch wird über ein Metallrohr in den angeschlossenen Räucherschrank geleitet.

Die Länge dieses Rohres beeinflusst natürlich die Rauchtemperatur. Je länger das Rohr, desto kühler der Rauch. Bei Großräucheranlagen gibt es spezielle Rauchkreislaufsysteme, die mit Umluftventilatoren betrieben werden und energiesparend bzw. umweltschonend arbeiten. Die Temperaturen in solchen Großräuchervorrichtungen werden aber elektrisch bzw. mit Gas erzeugt und elektronisch gesteuert.

Je nach gewünschter Rauchdauer befüllt man diese Raucherzeuger zur Gänze (in einer U-Form) oder nur zur Hälfte mit Räuchermehl.

Nach dem Anzünden mit verschiedenen Hilfsmitteln glimmt das Räuchermehl langsam entlang der vorgegebenen Bahnen.

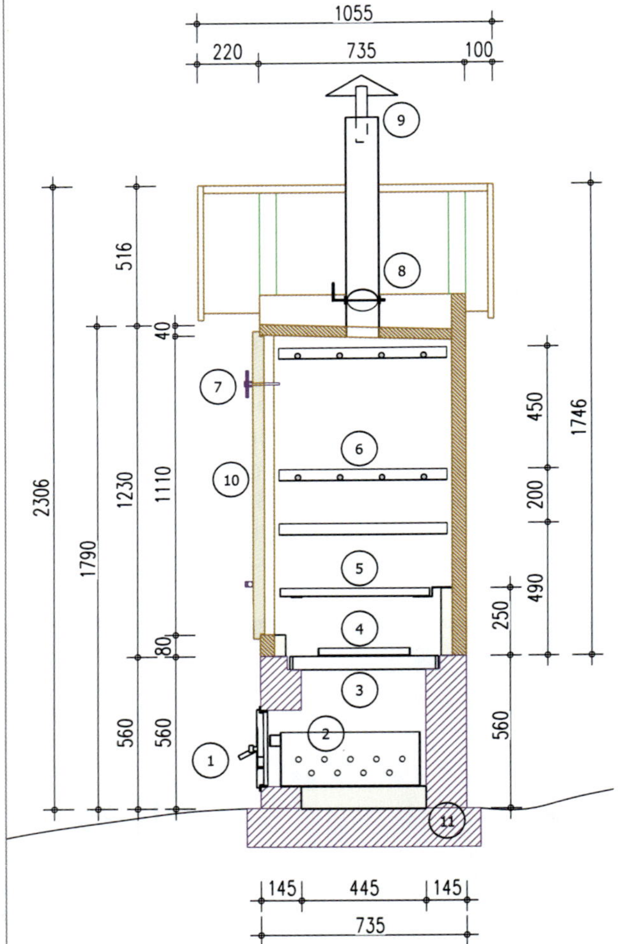

SCHNITT 1 VERTIKAL
M 1:20

LEGENDE:
1 - OFENTÜR mit ZUGREGLER
2 - FEUERLADE
3 - STAHLROST
4 - RÄUCHERSCHALE
5 - TROPFBLECH
6 - AUFLAGEWINKEL
für GITTER, BLECH oder STANGEN
7 - THERMOMETER
8 - ZUGREGLER
9 - ABDECKHAUBE
10 - HOLZTÜR
11 - BETON oder MAUERWERK

SCHNITT 2 VERTIKAL
M 1:20

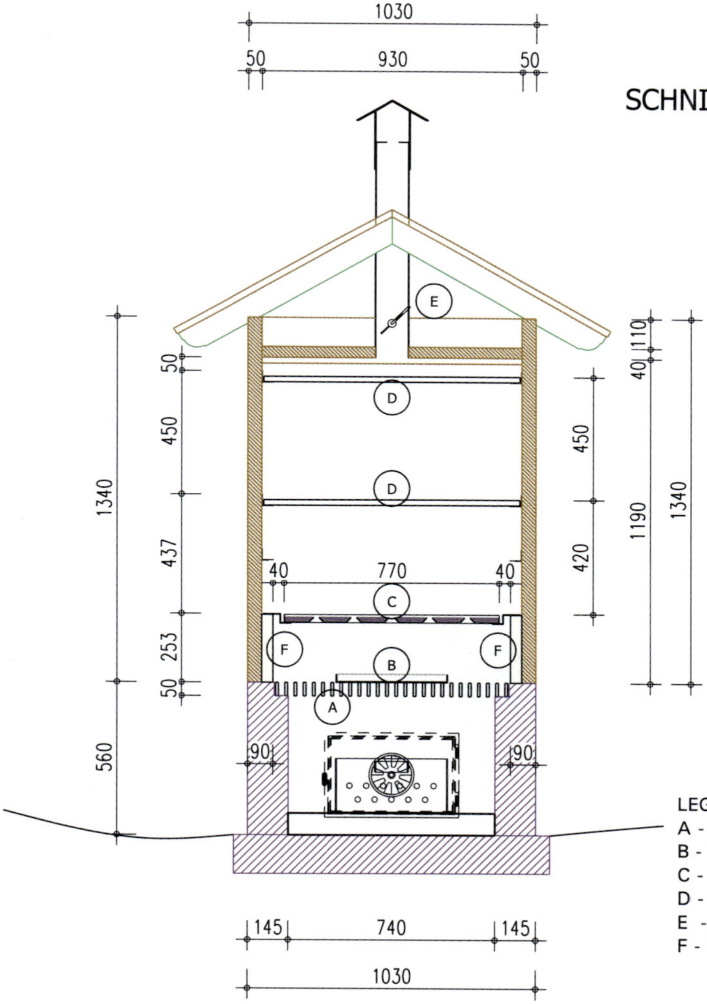

LEGENDE:
A - STAHLROST
B - RÄUCHERSCHALE
C - TROPFBLECH (herausnehmbar)
D - HÄNGESTANGEN
E - ZUGREGLER
F - SCHAMOTT

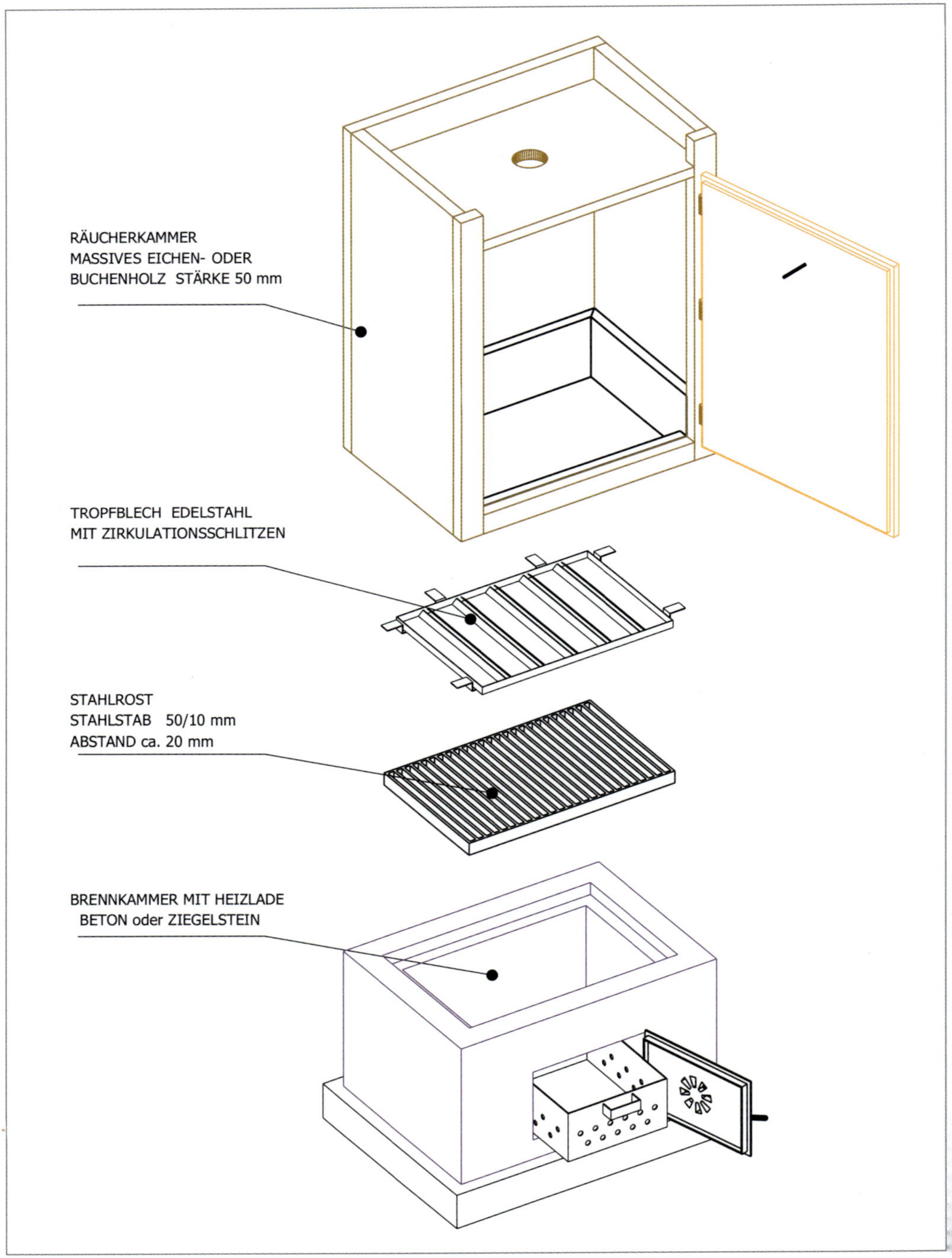
RÄUCHERKAMMER
MASSIVES EICHEN- ODER
BUCHENHOLZ STÄRKE 50 mm
TROPFBLECH EDELSTAHL
MIT ZIRKULATIONSSCHLITZEN
STAHLROST
STAHLSTAB 50/10 mm
ABSTAND ca. 20 mm
BRENNKAMMER MIT HEIZLADE
BETON oder ZIEGELSTEIN

Der selbstgebaute
Räucherofen –
Übersichtsgrafiken

Der perfekte Räucherofen für Profis und Einsteiger

Genial einfach – einfach genial, Feldmanns Grill-Räucheröfen

Eine kleine Variante von Räucheröfen, mit denen man sowohl heiß- als auch kalträuchern und sogar grillen kann, möchte ich an dieser Stelle vorstellen. Die Fa. Feldmann aus Finnentrop-Fretter stellt seit Jahrzehnten Räuchergeräte her, die richtige Alleskönner sind. Die rund 80 cm hohen, 35 cm breiten und 25 cm tiefen Öfen werden je nach Wunsch aus verzinktem oder aluminiertem Stahlblech bzw. rostfreiem Edelstahl hergestellt.

1

2

3

4

Um Fische heiß zu räuchern, füllt man den Räuchermehlkasten mit gut durchgetrocknetem Räuchermehl etwa bis zur Oberkante **(Abb. 1)**. Dann gräbt man in der linken und rechten Hälfte je eine Vertiefung bis zum Bodenblech und steckt dort jeweils einen zusammengebogenen Bierdeckel hinein, der außen mit Räuchermehl angehäufelt wird **(Abb. 2)**. Anschließend teilt man einen weiteren Bierdeckel, zündet die beiden Hälften an und legt diese auf die beiden zusammengerollten Bierdeckel drauf **(Abb. 3)**. Dadurch entsteht eine Art „Kamineffekt" und das Räuchermehl beginnt zu glimmen **(Abb. 4)**.

Anschließend wird das gelochte Abtropfblech eingeschoben **(Abb. 5 und 6)**. Der Rauchschieber sollte so eingestellt werden, dass ein Teil des Rauches auch unten beim Glutkasten entweicht, also leicht zurückstaut **(Abb. 7)**.

Während das Heißräuchern von Fischen üblicherweise zwischen 1 und 2 Stunden dauert, benötigt man in diesem Räucherofen rund **4 bis 5 Stunden**. Als Ausgleich für den höheren Zeitaufwand bekommt man hier aber wirklich herrlich gefärbte und zart geräucherte Fische als Ergebnis **(Abb. 8)**.

5

6

7

8

Der Temperaturverlauf in diesem Räucherofen verändert sich langsam, erst allmählich werden Temperaturen von rund 50–60 °C erreicht **(Abb. 9)**. Das Schöne dabei, der ganze Räuchervorgang läuft ganz von selbst, wie programmiert ab, eigentlich braucht man gar nicht dabei zu sein. Wenn das Räuchermehl im Kasten verglimmt ist, sind auch die Fische fertig. Ein wenig Geduld ist natürlich notwendig, und wer meint, die Sache beschleunigen zu können, indem er im Räuchermehlkasten herumstochert, macht einen Fehler.

Wie bei allen nicht isolierten Metallräucheröfen sollte man das Gerät an einem windgeschützten Ort aufstellen, denn kalter Wind kann den Temperaturverlauf im Ofen erheblich beeinträchtigen.

Gleicher Ofen – weniger Zeit

Die elegante Lösung für alle, die wenig Zeit haben, ist das **Heißräuchern mit der Räucherholz-Gewürzkohle**. Das Verfahren beim Anzünden ist das gleiche wie bei herkömmlichem Räuchermehl. Allerdings läuft in diesem Fall der Räuchervorgang deutlich schneller ab, und die Fische sind meist bereits nach eineinhalb Stunden fertig. Der Räucherprofi Bernhard Feldmann stellt dazu eine spezielle Räucherholz-Gewürzkohle her, die hervorragende Eigenschaften in sich vereint. Sie ist leicht zu entzünden und verglimmt gleichmäßig unter konstanter Wärmeabgabe, der Rauch enthält verschiedene natürliche Aromen, Kräuter und Gewürze und verleiht dem Räuchergut das würzige Aroma. Die gute Nachricht für alle, die bisher mit der Farbe ihrer Räucherfische nicht ganz zufrieden waren: Mit dieser Räucherholzgewürzkohle bekommen Sie wirklich goldene Fische.

„Kalt“ geht auch im selben Ofen

Mit demselben Gerät kann man auch kalt räuchern, dazu füllt man den Räuchermehlkasten nur etwa bis zur Hälfte mit Räucher-

Grillen und Räuchern mit einem Gerät

Gegrillt und gefärbt auf dem Grillräucherofen von Bernhard Feldmann

mehl, presst es mit den Händen ein wenig nach unten in Richtung Boden und zündet es mit den bewährten Bierdeckeln an.

Der Zeitaufwand ist jetzt natürlich höher, mit **6 bis 8 Stunden** sollte man schon rechnen. Das liegt daran, dass das zusammengedrückte Räuchermehl jetzt unter geringeren Temperaturen und viel langsamer verglimmt. Wichtig ist dabei, dass die Temperaturen nicht über 30 °C steigen, im Idealfall sollten sie sich in diesem Räuchergerät so um die 15–20 °C bewegen.

Nebenbei grillen – alles ist möglich

Wer als Vorspeise gegrillte Fische möchte, kann diese bequem auf dem handlichen Grillaufsatz dieses Räucherofens zubereiten. Dazu braucht man nur die obenliegenden Räuchermehlkästen maßvoll mit Räucherholz-Gewürzkohle befüllen. Sobald diese gleichmäßig glimmt, kann der Grillvorgang beginnen. Das Geniale daran, im „Stockwerk“ darunter hängen, wenn man möchte, inzwischen die anderen Fische im Rauch und entwickeln ihre schöne goldgelbe Färbung.

Die Räuchertonne selbst gebaut

Die Räuchertonne lässt sich relativ einfach und ohne großen finanziellen Aufwand herstellen. Sie benötigen dazu ein leeres 200-l-Fass (es geht auch mit kleineren Fässern), einige Ziegelsteine, einige Metallstäbe und als Deckel einige Bretter und einen alten Kartoffelsack. Bevor Sie allerdings mit dem Bau eines eigenen Räuchergerätes beginnen, sollten Sie sich darüber im Klaren sein, dass eventuell nicht alle Nachbarn damit einverstanden sind.

Wenn man draußen am Land lebt, verursachen solche Räuchergeräte meist kein Problem, in dichtbesiedeltem Gebiet kann man aber bisweilen schon Schwierigkeiten mit unfreundlichen Nachbarn bekommen.

Räucherschrank mit externer Raucherzeugung (Holzfeuerung, Fa. Grassl) (oben)

Selbst gebauter Räucherofen mit externer Räucherung

Um dem vorzubeugen, sollte man einige Fische mehr in den Ofen hängen, um später die Gemüter wieder zu besänftigen. Aber Vorsicht, so was kann zur Gewohnheit werden, bei den Nachbarn – meine ich.

Also weiter beim Bau der Räuchertonne: Zuerst stemmen oder schneiden Sie den Deckel des Fasses zur Gänze heraus, die scharfen Blechränder sollte man unbedingt abfeilen bzw. entgraten, um Schnittverletzungen zu vermeiden. Ist das geschehen, beginnen Sie, den Boden des Fasses aufzuschneiden bzw. aufzustemmen, am Boden genügt allerdings ein quadratischer Ausschnitt. Dieser sollte in etwa dem Fundament aus Ziegeln entsprechen, das Sie vorbereitet haben. Es ist die Feuerung für Ihre Räuchertonne. Sie sollte wenigstens aus drei übereinanderliegenden Ziegelreihen (am besten Klinker) bestehen, um genügend Abstand zu den später eingehängten Fischen zu gewährleisten.

Selbst gefertigte Räuchertonne (Finnland)

Eine Seite der Feuerung muss verschließbar bzw. zu öffnen sein, d. h., dort wird die Sauerstoffzufuhr geregelt. Das lässt sich mit dem Wegnehmen bzw. Hinzulegen der Ziegel auf einer Seite bewerkstelligen. Man kann aber auch in die Tonne selbst einen Ausschnitt schneiden und diesen mit einer Türe mit Scharnieren und Schloss versehen, dann funktioniert das Nachlegen von Holz einfacher. Als Deckel dient, wie bereits erwähnt, ein alter, aber sauberer Kartoffel- oder Kohlensack, der mit einigen passenden Brettern den Rauchabzug regelt. Je dichter Sie die Tonne mit dem Sack abdecken, desto weniger Zug entsteht.

Abhängig von der gewünschten Fischmenge benötigen Sie jetzt noch einige Holz- oder Metallstäbe, auf die die Fische mit den Räucherhaken aufgehängt werden können. Sie können diese Stäbe einfach auf den Oberrand des Fasses auflegen oder auch Löcher kurz unterhalb des oberen Fassrandes bohren, um ein Verrutschen zu vermeiden. Wenn schon von Löchern die Rede ist: Eines benötigen Sie noch für Ihr Thermometer, das im oberen Drittel der Räuchertonne (etwa in Höhe der Fische) angebracht werden sollte.

WICHTIG! Ausglühen

Bevor Sie das erste Mal Fische zum Räuchern in die Tonne hängen, müssen Sie einmal so richtig „Feuer im Ofen“ machen, um ihn kräftig auszuglühen; brennbare Rückstände, vor allem aber die Lackierung würden den Geschmack Ihrer Fische sonst stark beeinträchtigen. Manchmal entsteht dabei eine richtige Stichflamme und eine enorme Rauchentwicklung in Verbindung mit ziemlichem Gestank – aber nur beim ersten Mal.

Der Räuchervorgang in einer einfachen Räuchertonne

Dazu sollten Sie sich alle Dinge, die Sie später brauchen, gleich zurechtlegen. Dazu zählen:

- genügend Holz,
- Späne zum Entzünden aus Weichholz und Hartholz (Buche) zum Garen der Fische,
- etwas Räuchermehl für eine besonders schöne goldgelbe Färbung,
- etwa zwei Holzböcke, auch „Faulenzer“ genannt, zum Aufhängen bzw. Auskühlen der fertig geräucherten Fische (je nach Anzahl der eingehängten Fische)
- einen Kübel mit Sand, um das eventuell außer Kontrolle geratene Feuer wieder in den Griff zu bekommen
- ein wenig Bier, um den eigenen Flüssigkeitsverlust wieder auszugleichen.

Jedenfalls sollten Sie gerade am Anfang der „Räucherlaufbahn“ eher in der Nähe der Räuchertonne bleiben, um auf „Unregelmäßigkeiten“ die Temperatur betreffend (siehe Thermometer) sofort reagieren zu können.

Es beginnt mit dem Einheizen

Zuerst **entfachen Sie ein mittleres Feuer**, wie Sie es auch in einem normalen Holzofen machen würden. Erst wenn dieses Feuer ziemlich niedergebrannt ist, d. h. kaum mehr Flammen zu sehen sind, sondern eine **kräftige Glut** erkennbar ist, ist der **richtige Zeitpunkt für das Einhängen** der für das Räuchern vorbereiteten Fische gekommen; aber Achtung: Die Fische dürfen sich gegenseitig nicht berühren, da sie ansonsten unschöne Flecken bekommen. Die Räuchertonne hat sich mittlerweile vollständig erwärmt. Nachdem die Fische nun eingehängt sind, wird der Deckel zur Erhöhung der Temperatur aufgesetzt.

Der Garvorgang kann beginnen

Das bedeutet, die passenden Bretter werden auf den Deckel gelegt, so dass nur mehr ein kleiner Spalt für die Entlüftung und den Rauchabzug offen bleibt. Der eigentliche Garvorgang kann beginnen. Die Feuerungstür bleibt wenigstens anfangs noch geöffnet, um die erforderliche Temperatur zu halten. Auf die bestehende Glut wird nun noch maßvoll trockenes Hartholz aufgelegt. Um eventuell vorhandene Keime abzutöten, sollte die **Temperatur wenigstens für einige Minuten mehr als 100 °C** erreichen. Dann kann sie ruhig auf 60–80 °C absinken bzw. in diesem Bereich bleiben. Das Thermometer gibt verlässlich Auskunft über die gerade herrschende Innentemperatur.

Will man aber dann und wann prüfen, wie es den Fischen so geht, dann geben leicht aufgespreizte Bauchlappen die richtige Temperatur an.

TIPP! Temperaturkontrolle

Rollen sich die Ränder der Bauchlappen nach innen, so ist die Temperatur zu niedrig, wölben sie sich zu stark nach außen, so sollte die Temperatur im Ofen eher gesenkt werden.

Gerade bei der Räuchertonne muss man aber wegen des geringen Abstandes von Feuerstelle und Fischen darauf achten, dass die Temperatur nicht zu hoch hinaufklettert. Besonders gefährlich sind zu hohe Flammen, die die Fische verbrennen oder zum Aufplatzen der Haut führen können.

Gerade bei Aalen führen zu hohe Temperaturen zu so genannten Fettschwänzen. Das sind ballonförmig mit flüssigem Fett gefüllte Schwanzenden der Aale.

Je nach Größe der Fische und der Höhe der Temperatur ist der **Garungsprozess** nach ca. **30–45 Minuten** abgeschlossen.

Der Rauch gibt die Farbe

Dann folgt das eigentliche Räuchern, d. h. das Färben der Fische. In der Räuchertonne genügen jetzt **ca. 60 °C Temperatur** völlig. Die Luftzufuhr über die Feuerung wird nun vollständig gedrosselt, vorher legt man noch etwas Holz bzw. Räuchermehl auf die vorhandene Glut. Der Deckel mit dem Kartoffelsack wird nun auch so weit wie möglich dichtgemacht. Dadurch entsteht jetzt vermehrt Rauch (es soll richtig qualmen) und weniger Hitze. Durch die starke Rauchentwicklung erhalten die Fische jetzt ihre schöne goldgelbe Färbung. Der **Färbungsvorgang** in der Räuchertonne dauert nochmals ca. **20–30 Minuten**.

Verzweifeln Sie bitte nicht, wenn das beim ersten oder zweiten Mal nicht so perfekt klappt. Je öfter die Räuchertonne benützt wird, desto schöner wird die Farbe der Fische. Wenn Ihre Fische aber selbst nach dem fünften Räuchern noch keine schöne Farbe bekommen, dann sollten Sie mal ein anderes Holz oder Räuchermehl versuchen.

Verschiedene Thermometer für den Räucherofen

DAS RICHTIGE HOLZ UND RÄUCHERMEHL

Die Sache mit dem Holz sollte man nicht unterschätzen, denn nur mit dem richtigen Räucherholz erhalten die Fische auch ihre schöne goldgelbe Farbe und schließlich auch den letzten Schliff beim Geschmack.

Eines gleich vorweg: Sämtliche Nadelhölzer kann man von vornherein für diesen Zweck vergessen, außer für die Späne zum Entfachen des Feuers. Am gebräuchlichsten sind **Laubhölzer**, wie z. B. Buche, Erle, Eiche, Obstbäume, Ahorn oder Esche.

Im Fachhandel bekommt man heute übrigens fix und fertige **Räuchermehle** und Räucherspäne aus verschiedensten heimischen und exotischen Hölzern mit den tollsten Eigenschaften betreffend Färbung bzw. Aroma. Entscheidend für die Qualität von Räuchermehlen ist neben einer vertrauenswürdigen Quelle (am besten Markenprodukte verwenden) die richtige Lagerung. Besonders feinkörnige Holzmehle neigen dazu, Feuchtigkeit aufzunehmen und in weiterer Folge Schimmelpilze zu bilden. Sowohl Räucherholz als auch Räuchermehl muss daher **unbedingt trocken gelagert** werden, um Schimmelbildung zu vermeiden und ein einwandfreies Verglimmen zu gewährleisten. Feuchtes Räuchermehl oder Räucherholz ist oft die unerkannte Ursache für schlechte Färbung und unvollständige Verglimmung.

Der so genannte Buchenmoder eignet sich hervorragend zum Räuchern.

Buchenholz

Die Buche eignet sich wohl am besten für unsere Zwecke und wird deshalb auch am häufigsten verwendet. Ob man nun Buchenscheite zur Feuerung des Räucherofens verwendet oder Buchenmehl zur Raucherzeugung – die Buche ist unser Holz zum Räuchern. Die Buchenscheite zur Feuerung müssen natürlich entsprechend getrocknet werden, ehe man sie verwendet – so wie das bei jedem Brennholz notwendig ist. An den Salzkammergutseen verwendet man z. B. zur Feuerung des Räucherofens getrocknete Buchenscheite und zur Färbung Buchenholz, das bereits mürbe, aber noch nicht verfault ist. Der Spezialausdruck unter Insidern lautet „dahischt“ (angemodert); erkennbar ist dieses Holz an seiner speziellen Konsistenz und seiner auffälligen Maserung. Als aromatische Beigabe kann man die Ästchen des Wacholderstrauches samt den darauf befindlichen Beeren verwenden.

Zum Entfachen des Feuers zu Beginn des Räuchervorganges kann man natürlich so genanntes weiches Holz verwenden. Es lässt sich erheblich leichter spanen als Laubholz. Achten Sie aber unbedingt darauf, dass sich weder am Spanholz zu Beginn des Räuchervorganges noch am Hartholz zur späteren Temperaturerzeugung Lack- oder Farbreste, Klebstoffrückstände sowie Imprägnierstoffe befinden. Diese können

Gebrauchsfertiges Räuchergewürz der Fa. Feldmann – das Räuchergewürz entweder mit dem Räuchermehl mischen oder darüberstreuen.

Gewürz-Räucherholzpellets der Fa. Feldmann

beim Verbrennen giftige Dämpfe freisetzen und empfindliche Geschmacks- bzw. Geruchsbeeinträchtigungen verursachen. Der Idealfall ist eine verlässliche Quelle, von der man sein Räucherholz bzw. sein Räuchermehl bezieht.

Rauchgewürze und Gewürzhölzer

Im Handel gibt es übrigens auch spezielle Rauchgewürze, die dem Räuchermehl beigemengt werden. Das Räuchergewürz der Fa. Bernhard Feldmann kann man entweder mit dem verwendeten Räuchermehl mischen oder vor dem Anzünden über das Räuchermehl streuen.

Neben herkömmlichem Räucherholz oder Räuchermehlen sowie Rauchgewürzen gibt es auch ein spezielles Gewürz-Räucherholz, das aus einer Mischung ausgesuchter Räucherhölzer und aromatischer Gewürze zu handlichen Pellets gepresst wird. Diese Pellets sind ausgesprochen einfach zu handhaben, brennen leicht an und geben neben einer wunderschönen Farbe auch ein würziges Aroma an das Räuchergut ab.

DAS AUFHÄNGEN DER FISCHE BZW. RÄUCHERHAKEN

Unabhängig davon, ob man seine Fische nun an einer Schnur oder an einem Haken aufhängt, sollte man einige Dinge beachten. Wichtig ist, dass sich die **Fische nicht gegenseitig berühren**. Das heißt, die Fische sollten einen seitlichen Abstand von wenigstens 3 cm haben. Anderenfalls besteht die Gefahr, dass sie im aufsteigenden Rauch leicht hin und her pendeln, sich berühren und dann zusammenkleben. An diesen Stellen entstehen dann weiße Flecken, weil sich dort keine Rauchpartikel festsetzen können. Aus denselben Gründen muss auch ein **seitlicher Mindestabstand zu den Wänden** der Räucherkammer eingehalten werden.

Wer nur selten räuchert oder sich nicht extra Räucherhaken anschaffen möchte, kann Fische bis zur Portionsgröße auch mit einer ca. 2 mm dicken Hanfschnur zum Räuchern aufhängen. Wichtig dabei ist der richtige Knoten, am besten eignet sich ein Überhandknoten, der über die Wurzel der Schwanzflosse gelegt wird. Einige Fischzüchter hängen ihre Fische an einer durchgehenden Schnur pro Haltestange auf. Der Vorteil dieser Methode besteht darin, dass selbst bei nicht entfernten Kiemen keine Blutstreifen an den Seiten entstehen, da die Fische mit dem Kopf nach unten hängen.

Die Sache mit dem Haken

Bei den Räucherhaken kann man auf im Handel angebotene Produkte zurückgreifen oder selbst welche anfertigen. Wie auch immer Sie sich entscheiden, maßgebend ist das richtige Material. Für alle, die nicht nur einmal räuchern möchten, kommt **nur nichtrostender Edelstahldraht von ca. 2 mm Stärke** in Frage. Die meisten anderen Metalle korrodieren beim Kontakt mit Salz schnell und werden unbrauchbar. Ein ganz erheblicher Vorteil vom Niro-Draht ist das leichte Reinigen nach dem Räuchern. Man gibt die verschmutzten Haken einfach einige Stunden (z. B. über Nacht) in ein Gefäß mit Wasser und einem Reinigungsmittel für Geschirrspüler. Man braucht die Haken dann am nächsten Tag nur kräftig abzuspülen und sie sind wieder einwandfrei sauber und können nach dem Trocknen wieder verwendet werden.

Über die Form der Räucherhaken könnte man stundenlang diskutieren. Dennoch gibt es nur wenige wirklich brauchbare Formen, die sich in der Praxis bewährt haben. Einige gebräuchliche Arten finden Sie auf den fünf

Renken, mit Doppelhaken eingehängt

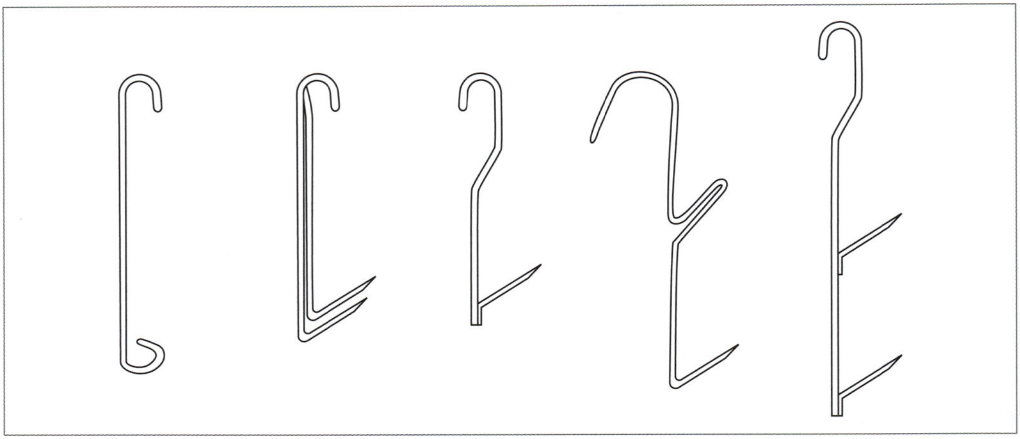

Verschiedene Arten von Haken zum Aufhängen der Fische im Räucherofen

Abbildungen. Für mich persönlich ist der Haken ganz links einfach unschlagbar. Es gibt keine spitzen Dornen, und die Fische sind bei einiger Übung in Sekundenschnelle eingehakt bzw. nach dem Räuchern wieder abgehakt. Durch die leichte Schräge des u-förmigen Hakenbogens zieht sich der Fisch durch sein Eigengewicht förmlich am Räucherhaken fest. Für größere Fische eignen sich allerdings Doppelhaken besser.

Wichtig ist bei allen Hakenmodellen, dass die **Fische senkrecht aufgehängt** werden, d. h. in der Falllinie. Man erreicht diesen Effekt, indem man den Räucherhaken von der Bauchseite her durch das Maul einführt. Eine Ausnahme bildet der letzte Haken (rechts): Durch die Winkeländerung im Schaftbereich (Zeichnung) hängen die Fische trotzdem in der Falllinie, ohne dass man den Haken durch das Maul einführt.

Es geht auch ohne Haken

Fischfilets und -stücke kann man auch auf **Metallrosten** räuchern, dabei entsteht ein schönes Muster auf der Auflagefläche. Die Filets sollte man daher **mit der Schuppenseite nach unten auf den Rost** legen. Liegen mehrere Roste übereinander, muss man darauf achten, dass die unteren Filets nicht durch heruntertropfendes Fett der weiter oben hängenden oder liegenden Räucherware verunreinigt werden.

Eine weitere, optisch recht ansprechende Methode, Fischstücke oder -hälften zum Räuchern aufzuhängen, ist die **Netzmethode**. Ähnlich wie Räucherschinken gibt man die Fischteile in vorgefertigte kleinmaschige Netze, die im Fleischerzubehörhandel erhältlich sind. Bei dieser Methode wird die Ware gut durchgeräuchert und erhält, wenn man das Netz abnimmt, ein nettes helles Muster. Dadurch wird das Produkt attraktiver, egal ob für den Verkauf oder für den Eigenverbrauch.

TIPP! Fischbräter

Haben Sie vom Fischgrillen noch Fischbräter (Gitterkörbe) zuhause, dann können Sie Ihre Fische auch darin räuchern. Sie eignen sich ganz ausgezeichnet zum Räuchern von Fischfiletstücken.

RÄUCHERMETHODEN

Heißräuchern

Die heute wohl gebräuchlichste Methode, Fische zu räuchern, ist das Heißräuchern. Es ermöglicht, in relativ kurzer Zeit wohlschmeckende Räucherware herzustellen. Die Dauer des Räuchervorganges ist jedoch von verschiedenen Umständen abhängig. Dazu gehört etwa die Größe der Fische, die Art des Räucherofens, seine Innentemperatur sowie die Außentemperatur. Meist dauert der **Räuchervorgang 1,5 bis 2,5 Stunden**.

HINWEIS! Tischräuchergeräte

Bei Tischräuchergeräten geht die Sache meist viel schneller vor sich. Bei bestimmten Kleinräuchergeräten, wie z. B. jenen der Fa. Bernhard Feldmann, dauert der Räuchervorgang aber z. B. bis zu 5 Stunden.

Anheizen des Ofens

Nun aber die Schritte im Einzelnen, ausgehend von einem durchschnittlichen Räucherofen: Im Normalfall beginnt man mit dem Entzünden des Feuers in der Glutkammer. (Es gibt auch „Räuchermeister", die zuerst die Fische einhängen und dann erst das Feuer entzünden). Ich persönlich ziehe es aber vor, **zuerst den Räucherofen vorzuheizen** und **dann erst die Fische einzuhängen**.

TIPP! Länger vorheizen

Besonders wichtig ist das anständige Vorheizen bei längere Zeit nicht benützten gemauerten Ziegelräucheröfen bzw. bei Räucheröfen, deren Materialien Feuchtigkeit aufnehmen können.

Zum Entzünden des Feuers verwendet man zweckmäßigerweise Weichholz, später für die Glut und die Wärmeentwicklung wird dann Hartholz, z. B. Buche, verwendet (siehe Kapitel Räucherholz).

Zu Beginn sollten die Rauchabzugsklappe am oberen Deckel des Räucherofens und die Feuerungstür offen bleiben, damit ein zügiges Anbrennen des Hartholzes gewährleistet ist. Dennoch muss man darauf achten, dass nicht schon zu Beginn des Räuchervorganges zu hohe Temperaturen erreicht werden. Ein Thermometer sollte unbedingt über die aktuellen Temperaturen im Inneren des Räucherofens informieren, wobei herkömmliche Thermometer der tatsächlichen Temperatur immer ein wenig hinterhergehen, weil die Metallspirale in ihrem Inneren ein wenig Zeit braucht, um zu reagieren. Viel exakter reagieren da schon batteriebetriebene elektronische Thermometer, deren Metallfühler mit einem Kabel verbunden ist. Diesen Metallfühler kann man auch in die Rückenmuskulatur eines Fisches stecken, um so die Kerntemperatur zu messen.

Räucherphasen

Grundsätzlich kann man das Heißräuchern in **drei Phasen** aufteilen:

- Trocknen,
- Garen und
- Färben.

Nach dem Entzünden des Feuers, also bei der ersten mäßigen Wärmeeinwirkung, wird die Haut der **Fische getrocknet**. Sobald die Temperaturen ca. 60–70 °C erreicht haben, beginnt der eigentliche **Garungsprozess**, der im Schnitt rund **45 Minuten** dauert.

Unterschiedliche Färbung geräucherter Fische

Allerdings sollte die Temperatur **für einige Minuten** auf **ca. 100 °C** erhöht werden, um eventuell vorhandene Bakterien und Keime abzutöten. Anschließend kann man die Temperatur wieder auf rund 60–80 °C senken.

Alle **Temperaturveränderungen** sollten **behutsam** und nicht zu rasch geschehen, da die Haut der Fische ansonsten schrumpelig werden kann. Dann und wann sollte man einen Kontrollblick auf die Fische werfen, mit zunehmender Erfahrung reduzieren sich die Intervalle auf ein- bis dreimal pro Räuchervorgang.

Doch auch als Anfänger sollte man nicht allzu oft den Räucherofen öffnen und nachsehen, wie es den Fischen „geht", denn man verliert so zu viel Temperatur bzw. es kommt zu häufigen Temperaturschwankungen, die der Räucherware nicht zuträglich sind.

TIPP! Faustregel

Sind die Bauchlappen der Fische leicht geöffnet, stimmt die Temperatur, drehen sich die Bauchlappen stark nach außen, ist sie zu hoch, sind sie geschlossen, ist die Temperatur zu niedrig.

Ist nun der eigentliche Garungsprozess durch die Temperatureinwirkung abgeschlossen, so beginnt nun der dritte Teil des Räuchervorganges, der **Färbungsprozess**. Allerdings nehmen die Fische schon beim Garungsprozess eine leicht gelbliche Färbung an. Die richtige goldgelbe Farbe erhalten sie aber erst beim letzten Teil des Räuchervorganges. Jetzt ist auch der richtige Zeitpunkt, um dem Räuchermehl eventuell Rauchgewürze beizufügen. Dabei genügt eine Temperatur von rund **60 °C**; wichtig ist gerade jetzt eine **ausreichende Rauchentwicklung**.

Die Temperatur bzw. die Rauchentwicklung lässt sich mit der Rauchabzugsklappe und der Feuerungstür beeinflussen. Drosselt man die Luftzufuhr über das Schließen der Feuerungstür, so sinkt die Temperatur und die Rauchentwicklung steigt. Das Ganze funktioniert natürlich nicht auf die Sekunde, sondern es dauert einige Minuten, bis sich die Temperatur- und Rauchverhältnisse im Räucherofen ändern. Auch hier bedarf es einiger Übung und Erfahrung, um die Sache sicher im Griff zu haben.

Davon abgesehen, wirken sich die Außentemperatur und die Windverhältnisse auf das „Innenleben" des Räucherofens aus. An Tagen mit starkem Wind muss man damit rechnen, dass durch die verstärkte Luft- bzw. Sauerstoffzufuhr die Temperatur im Räucherofen höher ist als an windstillen Tagen. Bei Räucheröfen mit dünnen Metallwänden kann starker und kalter Wind allerdings auch das Gegenteil bewirken, nämlich das ungewollte Abkühlen des Räucherofens. Wie weit sich äußere Einflüsse wie Wind und Kälte auf das „Innenleben" des Räucherofens auswirken, hängt natürlich von der Dichtheit der verschiedenen Türen und der Isolationsfähigkeit der Wände ab.

Der richtige Garungsgrad

Die schöne goldgelbe Färbung sagt uns allerdings noch nichts über den Garungsgrad der Fische. Waren die Temperaturen zu niedrig, kann es durchaus passieren, dass die Fische zwar ganz passabel aussehen, aber noch halbroh sind. Wie erkennt man

Herrlich duftende, bronzefarbige, geräucherte Forellen

Heißgeräucherte Fische zum Auskühlen

nun, wann die Fische richtig durch sind? Man zieht einem Fisch die Rückenflosse aus der Muskulatur, das muss relativ leicht gehen. Das **Fleisch der Grätenansätze an der Rückenflosse muss weiß und fest sein.** Ist es hingegen glasig bis rosig, so ist der Fisch noch nicht zur Gänze gegart. Mit einiger Erfahrung erkennt man den fertig gegarten Räucherfisch aber schon mit einem Griff: Er hat eine bestimmte Festigkeit gegenüber halbrohen (elastischen) Fischen, aber das ist schon Erfahrungssache.

Hat man unterschiedlich große Fische im Räucherofen, so muss man bedenken, dass die größeren Exemplare erheblich länger zur Garung brauchen. Daran sollte man schon beim Einhängen der Fische denken. Die kleineren sollten immer vorne und möglichst weit oben eingehängt werden, da sie ja auch zuerst herausgenommen werden müssen.

Abkühlung ist gefragt

Sind die Fische jetzt fertig geräuchert, sollte man sie zügig abkühlen. Im Winter ist das kein Problem, man kann sie ja im Räucherschrank selbst hängen lassen, bis sie vollständig ausgekühlt sind. Allerdings sollte der Temperaturwechsel nicht zu plötzlich vor sich gehen, weil sonst bei Fischen mit kleinen Schuppen wie Forellen und Saiblingen leicht eine Schrumpelhaut entsteht.

In der wärmeren Jahreszeit dauert der Auskühlvorgang aus Sicht der Lebensmittelhygiene unter Umständen zu lange und zudem besteht die Gefahr, dass Fliegen ihre Eier auf unserem Räuchergut ablegen. Daher sollte man in der wärmeren Jahreszeit die Räucherfische möglichst bald aus dem Räucherofen nehmen und an einem kühlen und vor allem fliegensicheren Ort abkühlen lassen.

Kalträuchern

Welcher Feinschmecker kennt sie nicht, die würzigen und zarten Lachsfilets? Sie sind kaltgeräuchert, das ist das Geheimnis für ihren delikaten Geschmack. Frischen Farmlachs zum Selberräuchern bekommt man heute in jeder Fischhandlung zu erstaunlich niedrigen Preisen. Aber es müssen nicht immer Lachsfilets sein, auch die Filets von Lachsforellen schmecken kaltgeräuchert ganz ausgezeichnet und sind bei fast jedem Fischzüchter erhältlich.

Außerdem lassen sich praktisch alle forellenartigen Fische inklusive der Coregonen, also der Renken (Felchen), Welse (Waller),

Aalrutten, und einige Meeresfische, z. B. Heilbutt, Thunfisch, Butterfisch, Makrele, Dorsch, Leng u. v. a. m., als Filets sehr gut kalt räuchern. Fische ab 500 g sollte man allerdings filetieren.

Der „Preis“ für diese Delikatessen ist der **Zeitaufwand** beim Räuchern. Genügt beim Heißräuchern normalerweise ein Zeitaufwand von 1 bis 2 Stunden, so muss man sich beim Kalträuchern schon **16 bis 24 Stunden** gedulden, bis man die Filets aus dem Räucherofen nehmen kann.

Im Gegensatz zum Heißräuchern werden beim Kalträuchern **Temperaturen von 30 °C** nicht überschritten, das bedeutet, dass das Fischfleisch hier nicht durch die Temperatur gegart wird, sondern in erster Linie durch das vorhergehende **Einbeizen bzw. Einsalzen**. Daher muss dieser Vorgang auch entsprechend länger dauern als beim Heißräuchern.

Beizen und wässern

Bei größeren Filets (z. B. Lachs, Lachsforelle und Heilbutt) kann man ähnlich wie beim Beizen eines Graved Lachses verfahren. Man bestreut beide Seiten bis zu 5 mm dick mit einer Mischung aus Salz und Zucker (Verhältnis 2 : 1) und lässt sie rund **15 bis 24 Stunden** einziehen. Natürlich kann man die Filets ganz nach Geschmack zusätzlich noch mit Dill, Wacholderbeeren oder fertigen Gewürzmischungen verfeinern.

Wichtig ist beim Kalträuchern, dass man die **eingebeizten Filets vor dem Räuchern noch wässert**. Das bedeutet, man gibt die Filets je nach Größe 1 bis 3 Stunden in klares kaltes Trinkwasser, so erzielt man beim Endprodukt einen milden und doch würzigen Geschmack. Entfällt das „Wässern“ der Filets vor dem Räuchern, besteht die Gefahr, dass der Salzgeschmack zu intensiv ist, aber grundsätzlich ist das Geschmackssache und jeder sollte hier seine Geschmacksrichtung selbst herausfinden.

Kleinere Fische oder Filets kann man aber auch problemlos **nass einsalzen**, dies geht rasch und gewährleistet eine gleichmäßige Verteilung des Salzes im Fischfleich und unter den einzelnen Fischen. Hier genügt aber die Dauer von **6 bis 8 Stunden** in einer 8%igen Salzlake völlig.

Filets, vorbereitet zum Kalträuchern

Ofen mit externer Raucherzeugung

Nun aber die Schritte im Einzelnen. Grundsätzlich benötigt man zum Kalträuchern keine besondere Räucherkammer, es genügt schon ein herkömmlicher Räucherofen. Er sollte an den Seitenwänden mehrere Schienen für Gitterroste haben, damit darauf entsprechend viele Fischfilets geräuchert werden können. Außerdem sollte man entweder eine **externe Feuerstelle** oder spezielle Kaltraucherzeuger (Kaltrauchgeneratoren) haben, die Räuchermehl oder Räucherchips (Chunks) verglimmen (siehe Kapitel „Externe Raucherzeugung"). Im einfachsten Fall kann man nebenbei eine Feuerstelle entfachen und bei Bedarf einzelne Glutstücke in den Räucherofen legen, um so für die entsprechende Raucherzeugung zu sorgen. Dabei muss man immer darauf achten, dass die Temperatur 30 °C nicht überschreitet.

Eine bessere Rauchausbeute erzielt man, indem man die Glutstücke mit Räuchermehl überstreut. Wenn diese Methode auch eher eine Notlösung ist und viel Zeit und Arbeit erfordert, kann man auf diese Weise durchaus erstklassige Kalträucherware herstellen.

Beabsichtigt man aber, öfter Fische kalt zu räuchern, ist eine externe Raucherzeugung mit Verbindungsrohr die bessere Lösung. Diese kann aus einem kleinen Holzofen bestehen, der durch eine Metallröhre (Dachrinne, Ofenrohr) mit dem eigentlichen Räucherofen verbunden ist.

Günstig wirkt sich die **Länge des Verbindungsrohres** auf die Rauchtemperatur aus, d. h., je länger das Rohr, desto stärker kann der Rauch auf dem Weg zur Räucherkammer abkühlen. Außerdem sollte beim Rohr ein leichter Niveauanstieg in Richtung Räucherkammer bestehen, dadurch „zieht" der Rauch besser. Eine funktionierende **Temperaturmessung** ist bei der Kalträucherei ohnedies notwendig. Günstig sind **zwei**

Kalträuchern mit externem Feuer. Die Glut wird portionsweise eingebracht.

Messpunkte, einer im Rauchrohr und einer in der Räucherkammer selbst. Steigt die Temperatur beim Kalträuchern nämlich über 30 °C, gerinnt das Eiweiß im Fischfleisch rasch, und die Filets lassen sich nicht mehr entsprechend aufschneiden.

Der Ofen wird mit herkömmlichem Räucherholz beheizt bzw. mit Räuchermehl beschickt. Wem das zu aufwendig ist, der kann sich natürlich auch einen elektrischen Raucherzeuger anschaffen, dort wird durch eine Glühspirale Räuchermehl konstant verraucht. Das spart Zeit, Aufwand und Räuchermehl. Außerdem haben einige professionelle Raucherzeuger neben einer Turbine, die den Rauch in die Räucherkammer treibt, auch spezielle Filter, die Schadstoffe wie Teer aus dem Rauch filtern.

HINWEIS! Besondere Hygiene

Da durch die vergleichsweise geringen Temperaturen beim Kalträuchern viele Keime und Krankheitserreger nicht abgetötet werden, ist besonders beim Einbeizvorgang und bei der anschließenden Lagerung auf ausreichende Kühlung und Hygiene zu achten.

Das Räuchern von Aalen

Manche Fischarten bedürfen beim Räuchern einer besonderen Behandlung, dazu gehört zweifellos der Aal.

Beim Aal unterscheidet man grundsätzlich zwei Formen:

- den großen und räuberisch lebenden Breitkopfaal (bis 1 m und darüber) und
- den eher kleinwüchsigen Spitzkopfaal, der kaum über 50 cm groß wird und sich in der Hauptsache von Insektenlarven und Kleinkrebsen ernährt.

Aale, heiß geräuchert

Mir persönlich schmecken die **kleinen Aale**, auch Bundaale genannt, am allerbesten. Ihr Fleisch ist ganz besonders zart und schmackhaft. Bei diesen kleinen Aalen besteht allerdings die Gefahr, dass sie beim Räuchern zu trocken werden. Räuchert man sie gemeinsam mit anderen Fischen oder großen Aalen, so sollten sie unbedingt in der vordersten Reihe aufgehängt werden, um sie auch rechtzeitig vor den anderen Fischen aus dem Räucherofen nehmen zu können.

Bei diesen kleineren Aalen gibt es, abgesehen vom Austrocknen, kaum Probleme, mit **großen Aalen** hingegen können sich einige andere Schwierigkeiten ergeben. Bekommen große Aale nämlich zu viel Hitze ab, so besteht die Gefahr, dass die Haut dieser Fische aufplatzt. Das macht sie unansehnlich, außerdem rinnt dann eine Menge Fett aus. Hat man gegen Ende des Räuchervorganges zu viel Temperatur, so bildet sich im Schwanzbereich der Aale eine richtiggehende Blase, gefüllt mit flüssigem Fett. Solche Aale kann man bestenfalls selber essen, schön sehen sie nicht aus. Solchen **„Fettschwänzen"** bei großen Aalen kann man auf verschiedene Arten **vorbeugen**:

- Einmal kann man die Aale mit einem scharfen Messer schräg einschneiden, allerdings dürfen die Schnitte nicht zu tief gehen, sondern nur in die Haut eindringen. Diese Schnitte ergeben einerseits ein hübsches Muster und verhindern andererseits das Aufplatzen bzw. die Fettschwänze bei großen Aalen.
- Die zweite Möglichkeit, große Aale ohne Probleme zu räuchern, ist, sie zu spalten. Das bedeutet, man schneidet die großen Aale einfach der Länge nach auseinander.

Diese Aalhälften haben ein sehr ansprechendes Äußeres und schmecken sehr würzig, da sie viel Salz aufnehmen. Außerdem haben sowohl die Aalhälften als auch die eingeschnittenen Aale den Vorteil, dass sie weniger fett als herkömmliche Aale sind, da sie während des Räuchervorganges einiges davon verlieren.

Große Aale sollten außerdem intensiver eingesalzen werden als die kleinen Exemplare.

DAS AUFBEWAHREN UND LAGERN VON RÄUCHERFISCHEN

Am besten schmecken unsere Räucherfische natürlich, wenn sie frisch und noch warm aus der Räucherkammer kommen oder gerade erst ausgekühlt sind. Leider ist das aber nicht immer möglich, daher einige Tipps zum Lagern von geräucherten Fischen.

TIPPS! Richtig aufbewahren

- Kühl bei 3–7 °C aufbewahren
- Fische/Filets in lebensmitteltaugliches Papier oder atmungsaktive Folie verpacken
- Vakuumverpackungen sind ideal
- Räucherfisch ist etwa eine Woche haltbar

Selbstverständlich müssen Räucherfische **kühl aufbewahrt** werden, d. h. bei Temperaturen zwischen 3 und 7 °C, dabei gilt: je kälter, desto besser. Bei diesen Temperaturen (z. B. Kühlschrank oder kühler Keller) sind geräucherte Fische durchaus eine Woche haltbar. Vor dem Genuss sollten sie aber einige Zeit bei Zimmertemperatur gelagert werden, damit sie ihr volles Aroma entfalten können.

Bei der Lagerung im Kühlschrank sollte man sie aber niemals in Plastiksäcken aufbewahren, sondern in **lebensmitteltaugliches Papier bzw. atmungsfähige Folie** verpacken. In Plastiksäcken werden die Fische rasch wässrig und verderben schnell. Unverpackte Räucherfische trocknen hingegen im Laufe einiger Tage deutlich aus.

Ideal für längere Lagerzeiten ist die **Vakuumverpackung**. Allerdings müssen die Geräte dazu entsprechend zuverlässig funktionieren. Außerdem müssen auch vakuumverpackte Fische kühl gelagert werden, es kann sonst, wenn auch nur in seltenen Fällen, zum Botulismus kommen, einer tödlichen Form der Lebensmittelvergiftung.

Folienschweißgeräte, wie sie im Handel angeboten werden, eignen sich nicht für das Vakuumverpacken, da es hier zu keinem echten Vakuum kommt! Im Handel sind heute schon ausgezeichnete Vakuumgeräte erhältlich, die von ihrer Größe auch auf Haushalte und Kleinbetriebe abgestimmt sind. In einer professionellen Vakuumverpackung sind geräucherte Fische durchaus 14 Tage haltbar und sie bleiben vor allem saftig, da sie nicht austrocknen können.

Doch nicht nur für geräucherte Fischwaren ist die Vakuumverpackung eine tolle Sache, sondern auch für die **längere Lagerung von frischem Fisch in der Gefriertruhe oder im Gefrierschrank**. Auch hier bleiben die Fische saftig, trocknen nicht aus und bekommen keinen Gefrierbrand. Dennoch sollte man selbst vakuumverpackte Frischfische nicht länger als ein halbes Jahr tiefgefroren aufbewahren, da ansonsten die Qualität des Fischfleisches leidet.

HINWEIS! Nur frisch vakuumverpacken

Beim Vakuumverpacken muss man außerdem beachten, dass nur frisch geräucherte Fische so verpackt werden sollten. Geräucherter Fisch, der schon stunden- oder gar tagelang im Kühlschrank oder in der Kühltheke gelagert wurde, eignet sich nicht mehr zum Vakuumverpacken.

Vakuumverpackte Räucherfische halten länger.

WENN MAL WAS DANEBEN GEHT ...

Nicht immer funktioniert das Räuchern genauso, wie wir uns das vorstellen. Gerade am Anfang kann es Probleme geben, wenn Erfahrung und Routine fehlen. Und selbst erfahrenen Räuchermeistern kann mal ein Missgeschick passieren. Oft passieren Räucherpannen auch bei der Verwendung von neuen Geräten, deren Eigenheiten man noch nicht kennt. Deshalb habe ich die häufigsten Fehler bzw. deren Ursachen für Sie zusammengefasst.

FALSCHE TEMPERATURANZEIGE DURCH DEFEKTE THERMOMETER

Mir selbst ist es schon wiederholt passiert, dass die angezeigte Temperatur nicht mit der tatsächlichen Temperatur im Räucherofen übereingestimmt hat. Solange die geräucherten Fische schön gefärbt und durchgegart sind, ist das auch kein Problem. Meist kennen Räuchermeister ihre Geräte und wissen auch ohne präzise Thermometer, wie sie die richtige Temperaturkurve erreichen.

Problematischer wird die Sache aber bei neuen bzw. selbst gebauten Räucheröfen. Hier sollte man schon einen genauen Überblick über die Temperaturentwicklung im Inneren des Räucherofens haben. Der **Fühler des Thermometers** sollte an einer repräsentativen Stelle, nämlich dort, **wo die Fische hängen**, sitzen. Es nützt nichts, wenn er ganz oben unter dem Deckel oder zu weit unten angebracht ist.

HINWEIS! Testen

Die Abweichungen verschiedener Thermometer im selben Räucherschrank sind oft signifikant, deshalb sollte man vor allem zu Beginn ein wenig experimentieren.

Wer oft und viele Fische räuchert, sollte sich ein **digitales Modell mit einer Sonde** am Ende besorgen. Diesen Spieß kann man dann so platzieren, dass er die Temperatur entweder direkt im Fleisch eines Fisches (Kerntemperatur) oder wenigstens direkt am Fisch misst.

Oft ist es so, dass Thermometer, die mit einem kurzen Fühler durch die Außenwand gesteckt sind, eine zu hohe Temperatur anzeigen, weil die Hitze bevorzugt an den Wänden entlang aufsteigt.

UNSCHÖNE HELLE FLECKEN

Helle oder weiße Flecken am Schuppenkleid der Fische stören zwar beim Genuss nicht wirklich, führen aber manchmal zu unnötigen Fragen und beeinträchtigen das Gesamtbild. Der Grund dafür sind fast ausnahmslos **Berührungspunkte** von Fisch zu Fisch oder von Fisch und Innenwand des Räucherschrankes.

Deshalb sollte man beim Einhängen zwischen den einzelnen Fischen und den Innenwänden ausreichend Abstand lassen. Bedenken Sie, dass die aufsteigende Hitze die Fische leicht hin und her pendeln lässt, und die feuchten Oberflächen vor allem in der Garphase schnell zusammenkleben können.

Hier kleben die sehr weit geöffneten Bauchlappen beider Fische zusammen, was nach dem Trennen zu unschönen weißen Flecken führt.

BAUCHLAPPEN SIND ENTWEDER EINGEROLLT ODER EXTREM WEIT GESPREIZT

Beide Phänomene hängen direkt mit der Temperatur bzw. deren Verlauf zusammen. Wenn die Bauchlappen **nach innen eingerollt** sind oder sich **gar nicht geöffnet** haben, liegt es fast immer an der zu geringen Temperatur zu Beginn der Garphase.

Das lässt sich leicht ändern, indem man die Temperaturkurve beim nächsten Räuchergang früher bzw. höher ansteigen lässt. Wer besonderen Wert auf perfekt geöffnete Bauchlappen legt, kann diese z. B. mit

In diesem Fall sind die Bauchlappen nicht geöffnet und leicht nach innen eingerollt.

Zahnstochern nach dem Einhängen aufspreizen. Das macht vor allem dann Sinn, wenn man nur Maximaltemperaturen um 80 °C bevorzugt.

Sind die Bauchlappen hingegen **zu weit aufgespreizt**, war die Temperatur in der Garphase deutlich zu hoch bzw. zu lange zu hoch.

In diesem Fall sind die Bauchlappen extrem weit gespreizt und die Temperatur war viel zu hoch. Deutlich sieht man hier auch das viele verflüssigte Fett, das von den Fischen heruntergetropft ist.

Hier bei einem Bachsaibling sind die Blutstreifen aus den Kiemen nicht besonders auffällig, bei silberblanken Fischen wie etwa Renken fallen sie dagegen sofort ins Auge des Betrachters.

DUNKLE FLECKEN BZW. STREIFEN

Es ist grundsätzlich eine Einstellungssache, ob man die Kiemenbögen bei Räucherfischen entfernt oder nicht. Wenn man sie im Fisch belässt, muss man jedenfalls damit rechnen, dass vor allem im Laufe des Garprozesses ein Blut/Wasser-Gemisch von den Kiemen in Richtung Schwanz nach unten rinnt. Unappetitliche **rotbraune Streifen** entstehen, die dann mehr oder weniger eingetrocknet kein schönes Bild ergeben.

Dies ist grundsätzlich leicht vermeidbar, indem man die Kiemen vor dem Räuchern entfernt. Ein anderer Lösungsansatz ist, die Fische z. B. mit einer Schwanzschlinge mit dem Kopf nach unten zu räuchern. Klar muss aber sein, dass die Kiemen der am stärksten durchblutete Teil des Fisches sind und eine ideale Brutstätte für Keime aller Art darstellen. Deshalb empfehle ich, sie grundsätzlich zu entfernen.

Dunkle oder schwarze Flecken entstehen meist durch herabtropfendes rußgeschwärztes Kondenswasser. Das entsteht gerne bei zu geringem Luftdurchsatz im Räucherofen bei hohen Temperaturen.

Deshalb sollte gerade in der Garphase der Abzug nicht zu sehr geschlossen werden. Bei dunklen Flecken (flachliegende Fische oder Filets) oder Streifen bei hängenden Fischen sollte man unbedingt einen genaueren Blick auf die Unterseite der Decke des Räucherofens werfen. Oft hängen dort viele schwarze Kondenswassertropfen, die nur darauf warten, Ihr Räuchergut zu verunstalten. Bei all dem Rauch, der beim Öffnen aus dem Ofen quillt, kann man das leicht übersehen, eine Taschenlampe hilft, diesen „Missstand" zu entlarven.

BALLONAALE

Ballonaale, auch Fettschwänze genannt, entstehen, wenn das Ende der Aale zu nahe an der Glut oder der Hitzequelle hängt. Wenn dann noch die Temperatur zu heiß wird, sammelt sich das verflüssigte Fett im Schwanzbereich der Aale, was dann wie ein Ballon aussieht. Natürlich kann man diesen „Ballon" anstechen, damit das flüssige Fett abrinnt, das ist aber eher eine Notlösung. Wer regelmäßig Aale räuchert, braucht daher einen **ausreichend hohen Räucherofen.** Oder man schneidet die Haut der Aale vor dem Räuchern und nach dem Einbeizen mit schrägen Schnitten ein. Das verleiht diesen Fischen ein recht attraktives Aussehen und lässt selbst bei zu hohen Temperaturen keine Fettansammlungen entstehen.

ZU WEICHES FLEISCH

Viele Feinschmecker warten schon ungeduldig, bis der Räuchervorgang beim Heißräuchern abgeschlossen ist, und essen ihre Räucherfische dann gerne warm. Die Fische, die frisch aus dem Ofen kommen, schmecken zwar besonders saftig, allerdings ist ihr Fleisch dann oft noch erheblich weicher, als wir das von herkömmlichen, bereits gut abgekühlten Fischen kennen.

Wenn die Fische aber auch nach dem Abkühlen noch einen eher matschigen Eindruck machen, hat im Räucherofen eine **zu hohe Luftfeuchtigkeit** geherrscht. Meist hängen dann an der Deckelunterseite auch viele dicke Kondenswassertropfen. Gerne passiert das bei neuen, besonders luftdichten Räucheröfen. Um dem entgegenzuwirken, empfehle ich, sowohl die Luftzufuhr im unteren Bereich (z. B. Holzlade) als auch die Rauchabzugsklappe oben etwas zu öffnen, damit kein Kondenswasser entstehen kann.

TIPP! Abkühlen lassen

Verpacken Sie niemals noch warme Räucherfische in Plastik (egal ob Vakuum oder Lebensmittelfolie) und legen Sie diese dann auf keinen Fall in den Kühlschrank. Denn dadurch wird das Fleisch nur noch wässriger. Im Übrigen sind das genau die Bedingungen, die Bakterien zum Wachsen bringen. Lassen Sie Ihre Räucherfische deshalb vor dem Verpacken immer gut abkühlen.

ORANGENHAUT

Bei Räucherfischen entsteht dieses Phänomen **vor allem bei abgeschuppten Fischen mit dünner Haut**, wie z. B. Renken (schon deshalb sollte man diese Fische nicht abschuppen), oder bei Fischen, die eine weiche Haut mit sehr kleinen Schuppen haben, wie z. B. die Saiblinge. Völlig vermeiden lässt sich die Schrumpelhaut nicht immer, aber die Hauptursache dafür ist meist das **viel zu schnelle Abkühlen** des Räuchergutes. Wenn man also noch warme Räucherfische zum Abkühlen in die Kälte hängt, zieht sich die Fischhaut zusammen und das Ergebnis ist eben die Orangenhaut.

FISCHFLEISCH LÄSST SICH NUR SCHWER VON DEN BAUCHGRÄTEN LÖSEN

Unter bestimmten Voraussetzungen können Räucherfische zu trocken geraten. Dafür gibt es mehrere Gründe. Entweder waren die Fische **viel zu lange im Räucherschrank**, weshalb das Fleisch der Bauchlappen ausgetrocknet ist und fest an den Gräten haftet. Das kann übrigens auch bei niedrigen Temperaturen in der Färbephase passieren.

Oder die **Temperatur während des Garvorganges** war über einen langen Zeitraum zu hoch. Wenn dann noch viel Luftaustausch im Räucherofen herrscht, kann das auch zum Austrocknen der Fische führen.

In jedem Fall lässt sich das vermeiden, indem man von Zeit zu Zeit einen kritischen Blick in den Räucherschrank wirft. Um den Zustand der Fische zu überprüfen, entnehme ich ein oder zwei Fische und schließe die Türen schnell wieder. So kann ich einerseits die Fische bei gutem Licht und in Ruhe begutachten und verliere andererseits nicht zu viel Hitze im Räucherofen durch geöffnete Türen.

DIE FISCHE SIND NICHT GANZ DURCH

Ein halbroher Fisch sollte keinesfalls toleriert werden, Sie vergraulen damit Freunde und Kundschaften, weil niemand solche Fische essen möchte. Außerdem besteht beim Lagern solcher Fische das Risiko, dass gefährliche Erreger im rohen oder halbrohen Fleisch entstehen und zu gesundheitlichen Problemen führen. Deshalb muss jeder Fisch anständig durchgeräuchert werden, und es sollte keine „glasigen Stellen“ mehr im Fleisch geben. Oft sind diese Bereiche auch noch leicht blutig, und das Fleisch haftet an den Gräten. Bei der **Garprobe** mit der rausgezogenen Rückenflosse sollte man deshalb schon genau hinsehen, ob das Muskelfleisch an der Flossenbasis auch wirklich weiß und nicht transparent ist.

Auch die **Druckprobe** zwischen Daumen und Zeigefinger gibt Aufschluss über den Garzustand eines Räucherfisches. Fühlt sich das Fischfleisch elastisch an, ist es meist zu früh, um den Fisch zu entnehmen. Es sollte eine feste Konsistenz haben und

Bei der Garprobe muss sich die Rückenflosse samt der anhängenden Gräten leicht von der Rückenmuskulatur lösen und das Fleisch muss schön weiß sein.

nicht mehr nachgeben bzw. elastisch sein. Meist kommt es zu halb gegarten Fischen, wenn gleichzeitig verschiedene Größen in den Räucherschrank gehängt werden. Deshalb sollte man die **größeren Fische immer zuerst einhängen**, da sie ja auch länger zum Garen brauchen, dann kann man sie später problemlos als letzte herausnehmen.

Eine weitere recht gute Möglichkeit, größere halbrohe Fische zu vermeiden, ist, sie mit einem Schnitt **in zwei Hälften zu teilen** und diese mit der Fleischseite nach unten am Rost zu räuchern. Man muss die beiden Hälften aber nicht gänzlich trennen, sondern kann sie am Bauch beisammen lassen und dann aufgeklappt (so genannter Schmetterlingsschnitt) räuchern. In jedem Fall sind größere Fische dann nur mehr halb so dick und lassen sich leichter durchräuchern. Da das Teilen des Fisches vor dem Einbeizen geschehen muss, sollte man in Anbetracht der größeren Angriffsfläche für das Salz eher sparsam damit umgehen. Diese Methode lässt sich bei fast allen größeren Fischen wie Brachsen, Barben (vorher bitte unbedingt schröpfen), Maränen (große Renken), aber auch bei vielen Meeresfischen, wie z. B. Makrelen, anwenden. Der große Vorteil dabei ist, dass die Fische die Beize/Lake besser und schneller annehmen und zusätzlich schneller und verlässlich durchgeräuchert werden.

Makrelen können gut in Hälften geteilt geräuchert werden.

DAS GRILLEN VON FISCHEN

LACHS IN FLAMMEN ...

Eigentlich sollten beim Grillen die Flammen das Grillgut nicht berühren bzw. sollte man beim Grillen Flammen überhaupt vermeiden und seinen Fisch nur über der Glut garen. Ganz anders sieht die Sache aber beim so genannten Flammlachs aus. Wie der Name schon sagt, spielen hier die Flammen des Feuers eine zentrale Rolle bei der Zubereitung. **Ursprünglich** stammt diese Methode aus **Skandinavien bzw. Finnland**, wo das Flämmen von Fischfilets nach wie vor sehr beliebt ist.

Auch wenn in Skandinavien hauptsächlich die Filets von Atlantiklachs und Meerforelle auf diese Weise gegrillt werden, kann man natürlich auch andere Fischarten auf diese Weise zubereiten. Durch die Zubereitung am Flammbrett bleibt das **Fleisch besonders saftig, zart und aromatisch**. Vor allem ist es aber die tolle Atmosphäre am offenen Feuer, die besonders in der Dunkelheit ein einzigartiges Erlebnis ist. Und da die Flammen ja nicht nur den Fisch, sondern auch die Umgebung wärmen, lässt sich das Ganze natürlich auch im Winter praktizieren. Wenn die Wärme vom Flammbrett für die Gäste nicht reicht, können ja zusätzlich noch einige Feuerkörbe oder Feuerschalen in der Nähe aufgestellt werden.

Mittlerweile gibt es im Handel eine große Auswahl an **Flammbrettern aus verschiedenen Holzarten** wie etwa Birke, Zeder, Buche oder einfach auch Fichte. Normalerweise besteht das Brett aus unbehandeltem Holz. Um es vor dem An- bzw. Verbrennen zu schützen, muss man es **vor der Verwendung mit Öl**, z. B. Raps- oder Sonnenblumenöl, **einlassen**. Am besten macht man das vor dem ersten Einsatz, wenigstens einmal, besser ist zwei- bis dreimal hintereinander in Abständen von einigen Stunden. Sobald das Öl vom ersten Mal eingezogen ist, kann man mit dem nächsten Einölen beginnen.

Manche Spezialisten wässern ihre Flammbretter zusätzlich vor jeder Verwendung 30 Minuten lang in sauberem Wasser, damit sie nicht anbrennen bzw. verkohlen. Das Wässern wird aber nicht von allen Herstellern empfohlen, am besten orientiert man sich an der Gebrauchsanleitung des jeweiligen Produktes. Eine gewisse Patina und angekohlte Stellen lassen sich bei häufiger Verwendung aber sowieso nicht vermeiden.

Die **Bretter und Filets** sollten **von den Flammen einen Mindestabstand von etwa**

Nach dem Einpinseln mit Sonnenblumenöl bekommt das Flammbrett nicht nur eine dunklere Farbe, sondern brennt dann auch nicht mehr so leicht an. Links unbehandelt, rechts eingeölt.

10–15 cm haben, um nicht zu verbrennen bzw. anzubrennen. Jedenfalls sollte man das Flammbrett vor jeder Verwendung mit Trennfettspray oder einfach Rapsöl einfetten, damit das Filet mit der Haut nicht festklebt. Ganz wichtig ist auch die Halterung, um das Brett am Rand einer Feuerschale oder am Grill zu befestigen. Auf jeden Fall sollte man den Winkel des Brettes zum Feuer verstellen können. Bei aktuellen Modellen wird das Fischfilet mit einer langen Metallklammer am Brett gehalten. Bei vielen Modellen lässt sich der Winkel mit einer Schraube (Flügelmutter) einfach verstellen. Bitte versuchen Sie das trotzdem nicht mit den Fingern (Verbrennungsgefahr), sondern legen Sie sich eine Kombizange zurecht. Wer es ganz rustikal mag, kann sich auch ein passendes Brett zurechtschneiden und die Filets mit einigen Nägeln daran befestigen.

TIPP! Vorbereiten, dann grillen

Wenn man die Halterungen für die Flammbretter schon vor dem Anzünden des Feuers montiert, kann man bequem ihren Sitz prüfen und den geeigneten Winkel einstellen.

Zuerst kommt das Feuer ...

Beginnen Sie mit dem **Entzünden** des Feuers rechtzeitig, **wenigstens 30 Minuten vorher**, damit es beim Eintreffen der Gäste bereits anständig brennt und ausreichend Hitze vorhanden ist. Als Feuerholz kann man zum Anzünden durchaus Späne von Nadelhölzern oder weichen Laubhölzern verwenden. Zur Hitzeerzeugung beim Grillen der Filets empfehle ich aber Harthölzer wie Buche oder Erle. Um dem Ganzen noch ein würziges Raucharoma zu verleihen, kann man Wacholderzweige oder Räucherchips von verschiedensten Hölzern beimischen.

Um ein möglichst gleichmäßiges Durchgaren der Filets zu fördern, sollte das Feuer nicht allzu breit angelegt werden, sondern eher pyramidenförmig gestaltet sein. Auch einige Stücke Holzkohle kann man zu Beginn in die Feuerschale legen und mit natürlichen Grillanzündern zum Glühen bringen. Da die Feuerschale beim Grillen sehr heiß wird, sollte sie auf einem stabilen, feuerfesten Untergrund stehen. Achten Sie vor allem am Beginn auf den Funkenflug. Ich platziere meine Feuerschale auf einem stabilen Handwagen auf einer Riffelblechplatte. So kann nichts anbrennen, und ich kann die Feuerschale jederzeit drehen, was bei wechselnden Windverhältnissen sehr praktisch ist.

Selten brennt das Feuer genauso, wie man es möchte, deshalb sollte ein Feuerhaken oder eine Kohleschaufel mit Stiel bereitliegen. Damit kann man die Form des Feuers und somit die Flammen jederzeit regulieren und verändern.

Welche Fischarten sind geeignet?

Ich empfehle Filets vom Atlantischen und Pazifischen **Lachs**, mindestens genauso gut eignen sich Filets von der **Lachsforelle**. Aber auch die Filets von großen **Maränen** (Bodenrenken) vom Berufsfischer oder selbst mit der Hegene gefangen sind am Flammbrett ein Genuss. Wer gerne experimentieren möchte, kann durchaus auch andere Fischarten mit großen und nicht zu mageren Filets wie etwa den Barramundi versuchen.

Zwischen **750 und 1300 g** sollten die Filets etwa haben und von der Größe her zum Brett passen. Spätestens vor dem Würzen sollten noch die Zwischenmuskelgräten aus dem Filet gezogen werden. Bei gekauften Filets sollten ohnehin keine Gräten mehr zu finden sein. Mit einer spitzen, aber stabilen Pinzette oder einer kleinen Zange ist das rasch geschehen und spart Ärger mit den Gräten beim Verzehr. Manchmal sitzen diese Gräten aber ziemlich fest im Filet (vor allem bei ganz frischen Filets): Nach dem Einsalzen lassen sie sich meist leichter herausziehen.

In dieser Feuerschale der Fa. Finnwerk ist genug Platz für ein ordentliches Feuer. Die Halterungen für die Flammbretter wurden bereits montiert und der Winkel passt.

Das Würzen

Das Würzen ist bei dieser Methode **nur auf der Fleischseite** notwendig und sollte wenigstens 1,5 Stunden vor der Zubereitung geschehen. Bei den Gewürzen kann man es ganz klassisch halten und es bei grobem Salz und etwas zerstoßenem Pfeffer belassen. Natürlich kann man die Filets aber auch nach den eigenen Vorlieben würzen. Zitronenpfeffer, Senfkörner, Thymian oder Rosmarin eignen sich dazu. Damit die Gewürze gut einziehen, kann man die Filets zwischenzeitlich in Vakuum verpacken.

Wer für seine Freunde oder Kunden öfter Flammlachs zubereiten möchte, kann sich gleich mehrere fertig gewürzte und vakuumverpackte Filets einfrieren. So sind sie nach dem Auftauen jederzeit fertig zur Hand. Mit der Menge der Gewürze sollte man es keinesfalls übertreiben, die Filets dünn damit zu bestreuen, reicht normalerweise aus.

Die gewürzten Filets müssen natürlich kühl gelagert werden.

Beachten Sie auch, dass größere Filets auf der Bauchseite dünn und am Rückenteil wesentlich dicker sind, dementsprechend sollte man auch die Gewürze auftragen.

TIPP! Sparsam würzen

Übertreiben Sie es mit dem Würzen nicht, es reicht völlig, wenn man die Filets dünn mit Gewürzen bestreut.

Ab aufs Brett damit …

Die Filets müssen jetzt noch mit der Hautseite am Brett fixiert werden, dazu dient die lange Metallklammer, die stabil sein und immer aus Edelstahl bestehen sollte. Man sollte aber daran denken, dass sich die Filets in der Hitze etwas zusammenziehen (kennen wir ja vom Braten), und die Metallklammern entsprechend fest spannen. Je nach Modell der Klammer (manche sind mit zwei Schrauben zu befestigen), kann es notwendig sein, vorher kleine Löcher in das Filet, vor allem durch die Haut zu stechen. Das dicke Ende des Filets gehört jedenfalls auf das untere Ende des Flammbretts, dort wo die Halterung sitzt und wo normalerweise die Hitze am größten ist.

Sobald ein anständiges Feuer lodert, kann man die vorbereiteten Flammbretter samt Filets in die Halterungen am Rand der Feuerschale oder des Grills stecken. Dabei sollte der Winkel so eingestellt sein, dass das Brett ungefähr parallel zu den Flammen steht, damit die Hitze gleichmäßig verteilt, und das Fischfleisch auch gleichmäßig durchgegrillt wird. Meist kann man das Brett samt Filet leicht aus der Halterung nehmen und verkehrt herum wieder einstecken, so lässt sich eine gleichmäßige Garung leicht erzielen.

Da kommt Stimmung auf, das Feuer knistert und die Filets garen langsam in der Hitze.

Es ist so weit, das Lachsforellenfilet ist fertig, gut erkennbar das ausgetretene Eiweiß.

Wer möchte, kann das Filet jetzt noch für eine Weile im Rauch lassen, dann bekommt es eine extra-würzige Note. Einfach etwas Räuchermehl oder Holzspäne über die Glut geben und schon steigt der Rauch auf.

Wie bereits erwähnt sollten Filet und Flammen einen „Sicherheitsabstand“ von einigen Zentimetern haben. Wenn die Flammen häufigen Kontakt mit dem Filet haben, verkohlt es und wird ungenießbar.

Wer möchte, kann gegen Ende des Garvorganges, wenn das Feuer niedergebrannt ist, noch Räuchermehl oder Räucherchunks in die Glut geben. Das verleiht den Filets ein zusätzliches Raucharoma.

Ist der Flammlachs fertig gegrillt, kann man ihn entweder ganz rustikal direkt vom Brett essen, oder auf Tellern servieren. Wer möchte, beträufelt ihn vor dem Essen noch mit Zitronensaft. Als Beilagen empfehlen sich Weißbrot oder Kartoffelsalat sowie verschiedene Saucen mit Dill oder Kräutern auf Joghurtbasis. Als Getränk zum fertigen Flammlachs passt ein rescher Weißwein, während des Grillens und zur Einstimmung am Feuer passt Bier auch ganz gut.

WICHTIG! Mein Tipp

Sorgen Sie unbedingt dafür, dass es in der Zubereitungsphase, die zwischen 30 und 60 Minuten dauern kann, zu keinen Engpässen bei der Versorgung mit Getränken kommt. Gerade Sie als Grillmeister oder Grillmeisterin sollten jederzeit ausreichend Flüssigkeit in Griffweite haben ...

DAS STECKERL ZUM FISCH

Wer Steckerlfische grillen möchte, braucht dazu klarerweise Fische und entsprechende Steckerl oder Spieße. Natürlich gibt's das alles im Handel fix und fertig, aber meist nur aus Edelstahl und das kostet Geld. Wobei: Beim Stöbern im Internet habe ich kürzlich auf eBay 100 Stück passende Buchenspieße um nur € 23,– entdeckt.

Ich persönlich verwende jedoch seit rund 35 Jahren ausschließlich Steckerl aus Hartholz, meist Buche. Dabei habe ich das besondere Glück, dass mein „Fischerspezi“ und langjähriger Freund Roman ein begnadeter Tischler ist und mir meine speziellen Steckerl in Handarbeit (aber natürlich mit der Kreissäge) herstellt. Die Steckerl haben eine Länge von etwa 600 mm und einen quadratischen Querschnitt mit Seitenbreiten von jeweils 10 mm. Damit kann man Fische verschiedener Größen perfekt über der Glut grillen.

Der große Vorteil bei Holzspießen ist, dass man die Fische (wenn sie nicht zu groß sind) gleich vom Spieß herunter essen kann, quasi wie ein Salzstangerl. Metallspieße sprechen mich persönlich nicht so an, außerdem erhitzen sie sich beim Grillen sehr stark. Sie sind eher bei gewerblichen Grillern angebracht.

Wichtig ist in jedem Fall, dass die Spieße oder Steckerl einen **quadratischen oder** leicht **rechteckigen Querschnitt** haben, damit sich die Fische beim Grillen nicht so leicht um die eigene Achse drehen können. Außerdem schneide ich Fische, die ich am Spieß oder Steckerl grillen möchte, beim Ausnehmen auf der Bauchseite nicht ganz auf. Zum Ausnehmen reichen zwei kleinere Schnitte. Mit einem schneide ich quer zur Längsachse des Fisches kurz vor dem After den Enddarm durch. Mit dem anderen schneide ich in Längsrichtung ca. 4 cm lang in Richtung Brustflossenansatz. So kann ich mit den Fingern problemlos den ganzen Magen-/Darmtrakt entnehmen, die Gonaden (Eier- und Samenstränge) belasse ich in der Bauchhöhle, sie sind Delikatessen.

GEEIGNETE FISCHARTEN ZUM GRILLEN

Bereits im Kapitel „Welche Fischarten kann man räuchern" wurde auf die Eignung verschiedener Süß- und Salzwasserfische eingegangen bzw. deren Eignung zum Grillen bewertet.

Ähnlich wie beim Räuchern **eignen sich** zum Grillen **praktisch alle Salmonidenarten**. Das heißt alle unsere Forellenarten, wie Bachforelle, Regenbogenforelle, Seeforelle, und natürlich die Saiblinge. Ebenso geschmackvoll, wenngleich grätenreicher, sind unsere **Weißfischarten** (Karpfenartige), wie Brachse, Aitel, Nase, Blaunase (Rußnase), Barbe (Achtung: Der Rogen dieser Fischart ist giftig), Rotauge, Laube. Natürlich auch der Karpfen selbst sowie seine chinesischen Verwandten Amur und Tolstolob und die heimische Schleie. **Barsch und Zander** schmecken gegrillt ebenso ganz hervorragend, man sollte sie aber nicht zu lange grillen, da sie sonst leicht zu trocken geraten. Als ganz besondere Delikatesse gilt der Zingel. Es handelt sich dabei um eine Barschart, die hauptsächlich in der Donau vorkommt, sein zartes Fleisch schmeckt gegrillt ganz hervorragend.

Besondere Grillspezialitäten sind auch die verschiedenen Renkenarten; das traditionelle Riedlingsbraten am Traunsee wird in diesem Buch noch extra behandelt. Auch andere Süßwasserfische eignen sich großteils zum Grillen, es wäre müßig, sie hier alle aufzuzählen – es bleibt durchaus der Fantasie des Einzelnen überlassen, auch andere Fischarten geschmackvoll über dem Grill zuzubereiten.

Von den Meeresfischen seien hier vor allem die Makrele und der Hering genannt, sie sind ja als Steckerlfische hinlänglich bekannt. Selbst gegrillt schmecken diese Fische aber selbstverständlich viel besser als die gekauften.

Goßer Wolfsbarsch im Grillkorb (Fa. FAIE), dieser passt perfekt und lässt sich nach Bedarf wenden.

VORBEREITEN UND WÜRZEN DER GRILLFISCHE

Töten, Ausnehmen und Schuppen

Das Töten und Ausnehmen der Fische unterscheidet sich nicht vom Vorgang vor dem Räuchern (siehe hierzu ab Seite 21). Wichtig ist allerdings, dass **Fische mit großen Schuppen vor dem Grillen gründlich abgeschuppt werden**. Gründlich deshalb, weil ansonsten der Genuss dieser Fische ziemlich beeinträchtigt wird. Die am Fisch verbliebenen Schuppen kleben dann nämlich zwischen unseren Zähnen fest, was ziemlich unangenehm ist.

HINWEIS! Abschuppen

- Abgeschuppt müssen z. B. folgende Fischarten werden: Schuppenkarpfen, Nase, Aitel, Rußnase, Barbe, Brachse, Rotauge, Amur, Barsch, Zander, Renken und die Äsche.
- Bei Forellen und Saiblingen kann das Abschuppen entfallen. Profis schuppen ihre Fische übrigens vor dem Ausnehmen, weil es zu diesem Zeitpunkt viel leichter geht als nachher.

Das **Abschuppen** erfolgt am besten mit **einem nicht zu scharfen Messer**. Einerseits schneidet man mit einem leicht stumpfen Messer nicht gleich versehentlich in das Fischfleisch und andererseits verletzt man sich damit nicht so leicht selbst. Beim Abschuppen mit einem sehr scharfen und womöglich noch spitzen Messer ist die Verletzungsgefahr sehr groß.

Am einfachsten entfernt man die Schuppen, indem man mit dem Messer gegen den „Strich", also vom Schwanz in Richtung Kopf, schuppt.

Dieser Vorgang ist – abhängig von der Fischart – relativ leicht zu bewerkstelligen. Findet das Abschuppen z. B. in der eigenen Küche statt, sollte man bedenken, dass dabei einzelne Schuppen mitunter weit in der Luft herumspritzen. Dieser Umstand führt erfahrungsgemäß zu „ernsten Verstimmungen" mit der Küchenchefin. Diese kritische Situation kann man vermeiden, indem man die Fische in eine mit Wasser gefüllte Wanne gibt und sie dort „unter Wasser" abschuppt, die Schuppen können dann nicht mehr herumfliegen. Manche (besonders strenge Hausfrauen) verbieten das Betreten des Hauses mit nicht geschuppten Fischen grundsätzlich! Als Fischer sollte man seine Fische am besten gleich am Wasser abschuppen, wenn das dort erlaubt ist.

Eine sehr elegante Methode, z. B. Schuppenkarpfen von ihren Schuppen zu befreien, ist, die **ganze Haut samt den Schuppentaschen zu entfernen**. Dabei sticht man bei der Schwanzwurzel mit dem Messer unter die Haut ein und löst nach und nach gefühlvoll Haut samt Schuppen vom Fleisch. Der

Das Abhäuten von Karpfen: Die Haut wird von der Schwanzwurzel über den Rücken zum Bauch und Kopf abgezogen. (Abb. 1 bis 3) Abgehäuteter Karpfen und Schuppenkarpfen (Abb. 4)

Fisch wird so sauberst entschuppt, und es gibt bei diesem Verfahren keine umherfliegenden Schuppen. Diese Methode stammt ursprünglich aus Ungarn.

Schröpfen mit der Hand

Ist der Fisch nun sauber abgeschuppt und ausgenommen, kann man ihn noch einschneiden (schröpfen). Dadurch wird der Garvorgang beschleunigt, das Einziehen der Gewürze begünstigt und es sieht außerdem recht nett aus.

Die Schnitte sollte man mit einem scharfen und eher kurzen Messer in einem Abstand von 3–5 mm nebeneinander durchführen. Die Schnittrichtung kann im rechten Winkel zur Längsrichtung des Fisches oder aber auch leicht schräg nach vorne sein. Man muss auch darauf achten, dass die Schnitte nicht zu tief geführt werden, die Bauchgräten sollen dabei nicht durchtrennt werden. Es geht nur darum, die Zwischenmuskelgrä-

Spart jede Menge Zeit und Arbeit, ein handbetriebener Grätenschneider der Fa. Hrastinger (www.alles-fisch.at).

ten im Rückenbereich von grätenreichen Fischen zu zerkleinern, dann stören sie nach der Zubereitung über scharfer Hitze kaum noch beim Verzehr.

Schröpfen mit der Schröpfmaschine

Für jene, die des Öfteren Fischarten mit vielen Zwischenmuskel- bzw. Gabelgräten (z. B. Karpfen oder Karpfenartige) verarbeiten, empfiehlt sich die Anschaffung einer Schröpfmaschine. Dieses Gerät gibt es in verschiedenen Varianten bzw. Größen und besteht prinzipiell aus vielen engstehenden kreisförmigen Messern (Messerwalze). Die Filets werden dann mit der Fleischseite nach oben elektrisch oder händisch mit einer Kurbel durch die rotierenden Messer geführt und so in dünne Streifen geschnitten. Die Schnitte gehen allerdings nur so tief, dass die Haut nicht durchtrennt wird, sondern nur die Gräten in kleinste Stücke geschnitten werden und beim Essen nicht mehr stören. Die so geschröpften Filets lassen sich sehr gut heiß räuchern oder auch grillen.

Würzen

Neben Salz, Pfeffer, Knoblauch, Zwiebel, Paprika und fertigen Fischgewürzen kann sich jeder nach Geschmack seine spezielle Gewürzmischung zusammenstellen. Auch das Beträufeln mit einer Zitrone verfeinert das Aroma vieler Fischarten.

Ehe man den Fisch aber mit seinen favorisierten Gewürzen bestreut, sollte man ihn noch **dünn mit Speiseöl (flüssiger Butter) bestreichen**. Dies gilt vor allem für eher magere Fischarten, wie z. B. Forellen, Saiblinge, Barsch, Zander und unsere Weißfische. Makrelen und Aale wird man wegen ihres hohen Eigenfettgehaltes nicht zusätzlich mit Öl einpinseln. Dann kann endlich mit dem eigentlichen Würzen begonnen werden, wobei zu beachten ist, dass das **Gewürz gleichmäßig und dünn aufgebracht** werden sollte. Wichtig ist auch das gründliche Einwürzen der Bauchhöhle. In eben diese Bauchhöhle kann man zusätzlich auch frische oder tiefgefrorene Kräuter, z. B. Dill, Thymian und Rosmarin, geben und damit

Fachgerecht geschröpfte Weißfische

den Geschmack noch verfeinern. Allerdings muss man darauf achten, dass der Eigengeschmack des Fisches nicht durch zu starkes Würzen überdeckt wird.

Je nach Vorliebe kann man den Fisch vor dem Einwürzen noch **mit einer Zitrone beträufeln** und ihn so bekömmlicher machen, dies hat sich besonders bei fetteren Fischarten bewährt.

Neben den herkömmlichen Grillgewürzen gibt es auch spezielle **Gewürzmischungen** für Fische im Fachhandel, wie z. B. das Fischgewürz der Fa. Bernhard Feldmann. Anstatt unseren Fisch mit Gewürzen zu bestreuen, kann man ihn auch in einer Marinade einlegen. Marinaden sind entweder fix und fertig im Handel erhältlich oder aber selbst zuzubereiten. Dazu verwendet man Speiseöl, Essig, Wein, Zitronensaft und diverse Gewürze bzw. Kräuter. Aber natürlich nicht alles auf einmal. Rezepte für Marinaden finden Sie im Rezeptteil dieses Buches.

Gebrauchsfertiges Fischbratgewürz der Fa. Feldmann

WAS BENÖTIGT MAN ZUM ERFOLGREICHEN GRILLEN?

Oft scheitern angehende „Grillmeister" schon zu Beginn ihrer Laufbahn beim Herrichten der entsprechenden Glut. Der ideale Brennstoff ist zweifellos die Holzkohle. Doch Holzkohle ist nicht gleich Holzkohle, sie sollte am besten aus Hartholz hergestellt sein – z. B. aus Buche. Oft finden wir im Holzkohlensack riesige Stücke, diese muss man zuerst beispielsweise mit einem Hammer zerkleinern, um sie auch vernünftig verwenden zu können. Anstelle der Holzkohle kann man durchaus auch geeignetes Hartholz, wie Buche, Ahorn oder Kastanie, verwenden.

Eines der Geheimnisse für erfolgreiches Grillen ist, dass man es versteht, eine entsprechende Glut vorzubereiten, nur über dieser ist es möglich, erfolgreich zu grillen. Gar nicht selten kann man nämlich beobachten, dass einige gutgelaunte Leute rund um ein Feuer sitzen und ihr Grillgut in die Flammen halten.

Das sieht zwar auf den ersten Blick recht romantisch aus, die Fische oder Würstchen sind aber in der Regel außen schwarz und innen roh, also ungenießbar. Daher sollte man beim Grillen einige wichtige Grundsätze beachten.

Grillen, aber richtig!

Meist verwendet man **handelsübliche Grillkohle** und bildet daraus einen Haufen am Boden des Grills oder der Feuerstelle. Diesen Haufen besprüht man nun entweder mit flüssigem Grillkohleanzünder oder man verwendet einige Trockenspiritusstücke zum Entzünden der Holzkohle. Aber Vorsicht! Beim flüssigen Brennspiritus kann beim Anzünden eine Stichflamme entstehen (besonders bei hohen Außentemperaturen oder direkter Sonneneinstrahlung).

Brennt die Sache nicht so richtig an, spritzen Sie **niemals den Flüssiganzünder aus der Flasche auf die** scheinbar erloschene **Holzkohle**. Es können noch Glutreste vorhanden sein, und die Flammen schlagen dann in die Flasche zurück, wodurch es zu schweren Verbrennungen kommen kann. Verwenden Sie einen langen Löffel oder eine Kelle, um die flüssige Zündhilfe auf die Holzkohle zu schütten. Nach dem Anbrennen kann man die Glut durch Luft- bzw. Sauerstoffzufuhr fördern. Dies kann durch eine zu einem Fächer geformte Zeitung, ein Stück Pappkarton, einen speziellen Grillfächer oder – ganz bequem – mit einem alten Haarföhn bewerkstelligt werden. Erst wenn der ganze Holzkohlenhaufen glüht, verteilt man die Glut gleichmäßig über den Boden des Grillers oder der Feuerstelle. Dann erst kann man mit dem eigentlichen Grillen beginnen.

Eine recht elegante Alternative zu herkömmlicher Grillkohle ist die so genannte **Räucherholz-Gewürzkohle**: Die handlichen Briketts lassen sich sehr leicht anzünden und glimmen dann schön gleichmäßig vor sich hin, zudem geben sie einen aromatischen Rauch ab und färben das Grillgut goldgelb.

Hat man einmal keine Grillkohle zur Hand, so kann man auch herkömmliches **Hartholz** verwenden. Man entfacht zuerst mit einigen Weichholzspänen ein kleines Feuer und legt

Räucherholz-Gewürzkohle im Einsatz

dann das entsprechende Hartholz nach. Wichtig ist wie gesagt, dass man mit dem Grillen erst beginnt, wenn sich eine gleichmäßige Glut gebildet hat. Solange Flammen lodern, verkohlt das Grillgut, und es hat keinen Sinn, mit dem Grillen zu beginnen. Möchte man sich am Abend über einem romantischen Lagerfeuer Fische grillen, so lässt man auf einer Seite einige Holzscheite brennen, um genügend Beleuchtung zu haben, und grillt die Fische wie gewohnt über der verbleibenden Glut daneben. Wichtig ist, dass man eine dementsprechende Hitze hat, sonst dörrt man die Fische mehr.

GRILLVORRICHTUNGEN UND METHODEN

Der Steckerlfisch

Im Grunde genügt schon ein frisch abgeschnittener Zweig einer Weide, um sich nach dem Angeln direkt am Wasser einen „Steckerlfisch" herzurichten. Dennoch sollte man auch hier einiges beachten. Bevor damit begonnen wird, ein Feuer zu entzünden, sollte man sich vergewissern, ob keine Waldbrandgefahr besteht oder ob nicht ein ausdrückliches Verbot für Lagerfeuer vorliegt. Außerdem sollte man den Fisch beim Ausnehmen nicht ganz öffnen und im Bereich der Bauchflossen nicht durchschneiden. Dadurch fällt der Fisch nicht so leicht vom Spieß herunter. Überdies dreht sich der Fisch auf einem runden Spieß gerne unkontrolliert herum. Schnitzt man sich einen Spieß mit rechteckigem Querschnitt, verhindert man das lästige „Durchdrehen" des Steckerlfisches.

Auch das Aufspießen sollte gekonnt sein. Man steckt den Spieß nicht irgendwie durch den Fisch, sondern führt ihn beim Maul hinein, entlang des Rückgrates durch die Muskulatur hinter der Afterflosse hindurch und erst bei der Schwanzflosse wieder heraus.

Zingel, als Steckerlfisch über der Glut zubereitet

Der **Grillvorgang** dauert je nach Fischgröße und vorhandener Hitze z**wischen 20 und 30 Minuten**. Zur einfacheren Handhabung kann man sich entweder zwei Astgabeln als Auflagen für den Spieß in den Boden stecken, oder man steckt den Spieß mit dem Fisch mit dem anderen Ende gleich so in die Erde, dass er passend über der Glut schwebt. Wann der Fisch fertig gegrillt ist, erkennt man an der äußeren Bräunung der Haut.

Professionelle Steckerlfischbrater wenden ihre Fische nicht allzu oft, sie garen sie zuerst am Rücken und dann nacheinander auf den Seiten. Wendet man den Fisch nämlich allzu oft und grillt ihn zu lange, wird er leicht zu trocken. Ähnlich wie beim Räuchern kann man auch hier die Rückenflosse des Fisches herausziehen, um zu prüfen, wie weit der Garungsprozess fortgeschritten ist.

Einen Steckerlfisch über dem Feuer zu grillen, bedeutet, mit wenig Aufwand oft eine beeindruckende Atmosphäre zu schaffen. Mich erinnert es an meine ersten selbstgefangenen Fische, die ich natürlich über dem Lagerfeuer gegrillt habe.

Grillrost und Grillkorb

Aber auch ohne Weidenspieß kann man Fische über dem Grill oder Lagerfeuer delikat zubereiten. Dazu verwendet man entweder einen Grillrost oder einen Grillkorb.

Am **Grillrost** hat man je nach Größe Platz für mehrere Fische. Allerdings muss man die Fische am Rost wenden, was nicht immer ganz unproblematisch ist. Oft bleibt dabei die Haut am Gitter haften oder die Fische zerfallen und bieten dann keinen appetitlichen Anblick mehr. Abhilfe schafft hier das Einfetten des Grillrostes mit Öl oder Trennfett vor dem Anfachen der Glut. Eine gute

Renke, im Grillkorb, fertig gegrillt

Lösung ist auch das Einwickeln der Fische in Alufolie, darin bleiben sie recht saftig. Bei diesem Verfahren kann man auch eine Kräuterfülle in den Bauchraum geben, das verleiht dem gegrillten Fisch einen ganz besonders würzigen Geschmack.

Am einfachsten grillt man Fische aber in **Grillkörben**. Diese haben in der Regel eine Fischform und sind aufklappbar. Man gibt den gewürzten Fisch in den Korb hinein und grillt ihn auf jeder Seite so lange, bis er gegart ist. Je nach Größe dauert dieser Vorgang **pro Seite 10 bis 25 Minuten**, was freilich auch von der Hitze und dem Abstand zur Glut abhängt. Wichtig ist auch, dass genügend Hitze (Glut) vorhanden ist, sonst werden die Fische möglicherweise zu trocken. Wer besonders saftige Fische möchte, kann sie während des Grillvorgangs entweder mit Butter oder Marinade bestreichen.

TIPP! Locker einlegen

Legen Sie den Fisch locker in den Grillkorb, ohne die beiden Hälften zu sehr zusammenzuspannen, dann bleibt die leckere Haut nicht so leicht kleben.

Wie beim Räuchern ist auch hier noch kein Meister vom Himmel gefallen; die Erfahrung macht den Profi. Der Vorteil eines Grillkorbes liegt klar auf der Hand: Der Fisch zerfällt beim Wenden nicht, und wenn man das Gitter nicht zusammenpresst und zuvor eingeölt hat, kann man den Fisch, wenn er gar ist, ohne „Hautschäden“ entnehmen.

Riedlingsbraten am Traunsee

Eine sehr traditionsreiche Methode, kleine Coregonen, so genannte Riedlinge, über dem Holzkohlenfeuer zuzubereiten, findet man am **Traunsee**.

Zunächst aber zu den Riedlingen selbst: Dabei handelt es sich um eine **lokale Renken- bzw. Felchenart**, die ausschließlich in diesem Gewässer vorkommt. Die Besonderheit bei dieser Fischart ist, dass sie kaum größer als 25 cm wird und bereits ab ca. 16 cm Geschlechtsorgane entwickelt. Diese kleine Felchenart besitzt ein besonders zartes und schmackhaftes Fleisch. Gefangen werden diese Fische von den Berufsfischern am Traunsee mit speziellen Netzen, meist in Tiefen bis zu 30 m.

HINWEIS! Variante

Ähnlich wie die Riedlinge können auch andere nicht zu große Fische, wie z. B. normale Renken oder Seelauben, über der Holzkohlenglut gegrillt werden.

Die Zubereitung der Riedlinge, das so genannte „Stangerlfischbraten“, ist sehr aufwändig. Zunächst müssen die Fische einzeln den Netzen entnommen und getötet werden, besonders im Winter bei Minusgraden und eisigem Wind kein Vergnügen! Dann werden sie auf speziell dafür vorbereitete Holzspieße aufgesteckt. Diese haben einen rechteckigen Querschnitt, damit ein Verdrehen der Fische während der Zubereitung verhindert wird. Nun werden die Riedlinge abgeschuppt und dann seitlich eingeschnitten (geschröpft). Dann erst werden die Innereien (Magen-Darm-Trakt, Leber) durch einen kurzen Schnitt im Bereich der Brustflossen entfernt.

Gewürzt werden die Fische **ausschließlich mit grobem Speisesalz**, wie es auch unser Bäcker bei seinen Salzstangerln verwendet. Man nimmt dazu am besten gleich ein „Sträußchen Riedlinge“ zur Hand und überstreut sie gleichmäßig mit dem beschriebenen Grobsalz. Wichtig dabei ist, dass die Haut der Fische noch nicht ausgetrocknet ist, da das Salz sonst nicht haften bleibt.

Die Zubereitung erfolgt durch **Braten über der Holzkohlenglut**. Die Profis am Traunsee verwenden dazu natürlich speziell dafür geeignete Bratvorrichtungen. Notfalls eignen sich aber auch zwei in entsprechendem Abstand gelegte Reihen aus Tonziegeln, in deren Mitte man dann die vorbereitete Holzkohlenglut gleichmäßig verteilt. Die Holzkohle sollte zuerst auf einem Haufen gleichmäßig zum Glühen gebracht und erst dann in der Rinne zwischen den Ziegeln verteilt werden. Der Abstand der beiden Ziegelreihen ist so zu wählen, dass die dicken Enden der Spieße wenigstens 2–3 cm über den Ziegelrand ragen und die Spitzen auf der anderen Ziegelreihe gut aufliegen. Nur so kann man die Fische während des Bratens entsprechend wenden, ohne sich dabei ständig die Finger zu verbrennen.

Die Riedlinge werden nun in seitlichen Abständen von ca. 5 cm mit dem Rücken nach unten über die Holzkohlenglut gelegt. Mit einem Fächer aus Holz oder Kunststoff kann man die Temperatur der Glut durch Sauerstoffzufuhr nötigenfalls problemlos erhöhen. Erst wenn der Rückenbereich der Riedlinge durchgebraten ist, also die Rückenflosse leicht angekohlt und das Rückenfleisch knusprig braun gebraten ist, beginnt man mit dem Wenden.

Die Fische werden dann Rückenflosse an Bauchflosse aneinander aufliegend seitlich gebraten, bis beide Seiten entsprechend knusprig sind, abschließend kommt noch die Bauchseite dran. Diese ist deshalb so wichtig, weil damit auch die Gonaden, also die Eier bzw. die Samenstränge (sie gelten als besonders delikat), durchgegart werden. Schon der Duft der Riedlinge während des Bratvorganges ist einzigartig. Der Geschmack eines saftig gegrillten, noch heißen Riedlings ist allerdings unvergleichlich.

Riedlinge über der Holzkohleglut: noch roh, in Zubereitung und fertig gebraten (v. l. n. r.)

Wegen des relativ salzigen Geschmackes und der großen Hitzeentwicklung beim Grillen sollte man unbedingt genügend Flüssigkeit für den Eigenbedarf in unmittelbarer Nähe haben. Sehr bewährt hat sich z. B. ein Kasten kühler Gerstensaft.

Wer also einmal an den Traunsee kommt, sollte diese Spezialität unbedingt probieren. Meist braten die Berufsfischer ihre Riedlinge an den Wochenenden am Stadtplatz in Gmunden, in Altmünster und entlang der Bundesstraße bis nach Ebensee. Diese Delikatesse ist aber stark saisonabhängig, die besten Aussichten, diese Delikatesse zu verkosten, hat man vom Sommer bis in den Herbst hinein.

HINWEIS! Schonzeit

Achtung: Während der Schonzeit (November) gibt es keine Riedlinge.

Ist der Fang gut gewesen, kann man die Riedlinge bei den Berufsfischern gleich frisch gefangen (grün) kaufen und bei passender Gelegenheit zuhause grillen.

Wer jedoch nicht das Glück hat, diese Art Fisch zu bekommen, kann nach derselben Methode auch Seelauben grillen. Diese karpfenartigen Fische, auch Mairenken genannt, sind im Schnitt 15 bis 25 cm groß und kommen in beinahe allen großen Salzkammergutseen sowie einigen größeren Kärtner Seen recht häufig vor. Sie lassen sich auch mit der Angel relativ leicht fangen und schmecken gegrillt ebenfalls sehr lecker.

Grillen von Weißfischen an der Donau

Eine sehr bodenständige Art, Weißfische, das sind z. B. Barben, Aitel, Nasen, Brachsen, Blaunasen, Rotaugen, zu grillen (braten), findet man z. B. in Oberösterreich entlang der Donau. Dort werden seit Generationen von den Berufsfischern die Fische aus der Donau auf eine spezielle Art zubereitet und vermarktet. Meist handelt es sich bei diesen Fischen um grätenreiche Arten, die bei üblicher Zubereitung, z. B. Braten in der Pfanne, kaum zu vermarkten sind. Durch das bereits beschriebene Schröpfen (siehe Seite 129 f.) lassen sich diese Fischarten aber in gegrillte Spezialitäten verwandeln.

Verwendet man zum Grillen üblicherweise Holzkohle, so wird beim Steckerlfischbraten an der Donau zusätzlich ein anderes Brennmaterial genutzt, nämlich die getrockneten Pressrückstände der Mosterzeugung. Die so genannten Mosttrebern, werden sorgfältig gestapelt und getrocknet und schließlich als Brennmaterial beim Steckerlfischbraten verwendet, eine beispielhafte Energiever-

Fertig gegrillte Weißfische

Fischereimeister F. Lahmer beim Grillen von Weißfischen aus der Donau

wertung. Davon einmal abgesehen, kommt es beim Verbrennen der Mosttreber zu einer starken Rauchentwicklung. Dadurch entsteht neben der Garung der Fische durch die Hitzeeinwirkung auch ein gewisser Räuchereffekt. Die an sich silbernen Weißfische bekommen dadurch beim Braten eine appetitlich goldene Farbe und schmecken natürlich auch recht delikat. Beim Würzen hat jeder der Fischer sein „Geheimrezept", meist kommen dabei Salz, Paprika sowie etwas Knoblauch zum Einsatz. Klarerweise wird zu diesen Fischen dann auch die „Oberösterreichische Landessäure", also der Most, getrunken.

Wer Lust hat, dieses spezielle Fischbraten einmal „live" zu erleben, kann dies z. B. bei Fischereimeister Franz Lahmer in Linz an der Donau tun.

DAS BEIZEN VON FISCHEN

GRAVED LACHS

Das Haltbarmachen von Fischen durch bloßes Einsalzen ist eine uralte Tradition. Früher ging es nur darum, die Fische aus großen Fängen länger haltbar zu machen. Heutzutage ist das Ziel eher, würzige Spezialitäten aus Fischen herzustellen. Sehr bekannt ist z. B. das Zubereiten von Lachsfilets oder Forellenfilets zu Graved Lachs.

Auf diese Art und Weise kann man **ohne viel Aufwand innerhalb einiger Stunden** für sich und seine Gäste eine tolle Fischspezialität zaubern. Aber auch für Hobbyteichwirte und Fischzüchter ist das Zubereiten von Graved Lachs eine Möglichkeit, die eigenen Produkte zu veredeln oder besser zu vermarkten.

Man benötigt dazu nur die **Filets von Lachs, Lachsforelle oder Meerforelle**. Aber auch die **Filets von großen Renken und von Wallern** lassen sich gut zu Graved Lachs verarbeiten. Auch atlantischer Farmlachs ist heute schon zu erstaunlich günstigen Preisen beim Fischhändler erhältlich.

Wie bereits im Kapitel über die Fischarten erwähnt, handelt es sich bei der Lachsforelle nicht um eine eigene Fischart, sondern nur um eine spezielle Züchtung der Regenbogenforelle. Ihr Fleisch ist rot oder orangerot, und je größer der Fisch ist, desto saftiger sind die gebeizten Filets und desto

Einfache Zubereitung, großer Genuss: das Beizen von Fischen

schöner kann man später die dünnen Scheiben von den delikaten Filets schneiden.

TIPPS! Filets für Graved Lachs

1 kg oder besser 1,5 kg sollten die Fische mindestens wiegen, um sie zu Graved Lachs zu verarbeiten.

Einbeizen

Die **Zubereitung der Filets** ist relativ einfach. Man bereitet

- eine **Mischung aus Salz und Zucker** im Verhältnis von **3 : 1,**
- dazu gibt man je nach Geschmack frischen oder gefrosteten **Dill** und
- einige **zerstoßene Wacholderbeeren und Pfefferkörner.**

Gebrauchsfertige Beizmischung der Fa. Feldmann, geeignet für alle Fischarten

Mit dieser Mischung **bestreut** man anschließend **beide Seiten der Filets bis zu 5 mm dick.** Auch für das Einbeizen von Fischen gibt es natürlich bereits fertige Gewürzmischungen, die sich gut für diesen Zweck eignen. Anschließend gibt man die gewürzten **Filets in ein flaches Gefäß.** Wichtig ist dabei, die Filets mit den Fleischseiten zusammenzulegen. Hat man mehrere Filets, so legt man gegengleich jeweils zwei Fi-

Eingewürzte Graved-Lachs-Filets. Zum Beizvorgang werden sie noch zusammengelegt (Fleisch auf Fleisch).

Das Gewicht sollte nicht zu schwer sein.

lets Fleisch an Fleisch zusammen und diese „Paare“ dann gegengleich übereinander.

Die eingelegten Filets bedeckt man anschließend mit einem **Holzbrett** (Küchenbrett), das man **mit einem kleinen Gewicht** oder einem sauberen Stein beschwert. Das Gewicht sollte jedoch nicht zu schwer sein, das gilt besonders bei kleineren und somit dünneren Filets. Beschwert man die Filets nämlich zu sehr, dann geraten sie zu dünn und werden eher hart. Das bedeutet, man kann sie zum Genuss nur schwer entsprechend aufschneiden.

Die **Garung** des Fischfleisches erfolgt nun **durch den Flüssigkeitsentzug** (Dehydrierung) infolge der Salzeinwirkung. Die Filets können **zwischen 12 Stunden und 2 Tagen** eingelegt bleiben. Je länger sie eingebeizt sind, desto zarter wird das Fischfleisch und desto intensiver wird der Geschmack.

Selbstverständlich müssen sie an kühlen Orten aufbewahrt werden, z. B. im Keller oder im nicht zu kalt eingestellten Kühlschrank, die idealen Temperaturen liegen in etwa zwischen **4 und 8 °C**. Zwei- bis dreimal sollte man das am Boden des Gefäßes angesammelte Wasser entfernen.

Variante

Eine andere Methode für die Zubereitung von Graved Lachs besteht darin, die eingebeizten Filets mit der Hautseite auf ein sauberes Brett zu nageln und dieses Brett dann schräg aufzustellen. Dabei kann das dem Fleisch entzogene Wasser ablaufen, zu diesem Zweck sollte man ein Gefäß darunter stellen.

Abhängig von der Größe des Filets und natürlich auch vom persönlichen Geschmack bleiben auch diese Filets zwischen 12 Stunden und 2 Tagen eingebeizt liegen. Dann kann man sie entweder gleich hauchdünn und schräg aufgeschnitten genießen oder, je nach Geschmack, vorher einige Stunden

Graved-Lachs-Filet, für das Beizen auf ein Brett genagelt

in Trinkwasser einlegen, damit sie ein etwas milderes Aroma bekommen.

TIPP! Geschmack verfeinern

Einige Feinschmecker legen ihre Graved-Lachs-Filets vor dem Genuss noch für ein paar Stunden in den Kalträucherofen und verfeinern so den Geschmack.

Anrichten und Servieren

Das Aufschneiden erfolgt in langen schrägen Schnitten, wobei man sowohl am Schwanzende als auch vorne, an der dicken Seite, beginnen kann. Vorher sollte man mit einer spitzen Zange oder einer stabilen Pinzette die Zwischenmuskelgräten aus dem Rückenteil zupfen.

Die dünn aufgeschnittenen Scheiben serviert man dann am besten auf Weiß- bzw. Toastbrot und mit einer Sauce aus Senf und Dill (siehe Rezeptteil). Ein trockener Weißwein (meine Empfehlung wäre z. B. ein Wachauer Riesling Smaragd) rundet dieses einmalige Geschmackserlebnis ab.

Das Graved-Lachs-Filet wird in dünne Scheiben geschnitten.

WEISSFISCHE

Im Folgenden sind einige Spezialrezepte von Fischereimeister Johann Reichl zur sinnvollen Verwertung von so genannten Weißfischen, die mit der Angel gefangen werden oder als „Beifänge" bei der Netzfischerei anfallen, angeführt. Bei den angeführten Fischarten handelt es sich um echte „Biofische", d. h., sie werden nirgends gezüchtet oder gefüttert, sondern kommen nur in freien Gewässern vor. Bei den angeführten Zubereitungsarten muss man allerdings beachten, dass die Fische nur relativ kurz haltbar sind.

Marinierte Schiede

Schied ist ein volkstümlicher Ausdruck für Rußnase in einigen Voralpenseen des Salzkammergutes und hat mit dem richtigen Schied, dem so genannten Rapfen, nichts zu tun. Die Fische werden zuerst abgeschuppt und dann filetiert. Die Bauchgräten werden entfernt, die Zwischenmuskelgräten in der Rückenmuskulatur bleiben und werden durch die Essigmarinade so weich, dass sie problemlos mitgegessen werden können. Die Filets werden in eine 5%ige Essiglake (Hesperidenessig) eingelegt.

HINWEIS! Kein Metall

Wichtig dabei ist, dass man keine Metallgefäße zum Einlegen in Essig verwendet, sondern solche aus lebensmittelechtem Kunststoff oder Keramik.

In der Essiglake verbleiben die Filets bei einer Temperatur von 5–10 °C etwa 1 Tag lang. Dabei sollte mehrmals sorgfältig umgerührt werden. Dazu dürfen keine Metallgegenstände, sondern nur ein Holz- oder Kunststofflöffel verwendet werden, da die Fische sonst den Metallgeschmack annehmen können.

Nachdem die Filets nun ca. 1 Tag in der 5%igen Essiglake eingelegt waren, nimmt man sie vorsichtig heraus und spült sie mit kaltem Trinkwasser ab. Anschließend werden sie schichtweise nach einer Richtung in ein Steingutgefäß geschlichtet. Zwischen jede Lage der Fischfilets kommen dann Senfkörner, einige Lorbeerblätter und frisch geschnittene Zwiebelringe. Diesen Vorgang wiederholt man so lange, bis das Steingutgefäß ca. zu zwei Dritteln voll ist.

Dann wird wieder eine neue Essiglake (5 %) angerichtet und kurz aufgekocht, dazu kommt diesmal brauner Zucker, ca. 150 g auf 1 l Essiglake, Senfkörner, Gewürze (Estragon). Mit der auf Handtemperatur abgekühlten Lake füllt man nun das Steingutgefäß auf und gibt obendrauf noch 1 EL Speiseöl. Nach 2 bis 3 Tagen sind die Fischfilets genussfertig, beim Entnehmen der Filets sollte man aber entsprechend vorsichtig vorgehen, da das Fischfleisch in der Marinade sehr mürbe wird.

Gekochte Lauben

Es handelt sich dabei um die relativ großen Seelauben aus den Voralpenseen.

Zuerst wird eine ca. 10%ige Salzlake aufgekocht. In die noch heiße, aber nicht mehr kochende Lake gibt man nun die Lauben, und zwar ohne die Fische vorher auszunehmen!

Die Lauben ziehen nun in der Lake ca. 10 Minuten, bis die Augen weiß werden und sich

In Essiglake marinierte Fische

die Rückenflosse leicht herausziehen lässt. Anschließend entnimmt man die Fische der Lake und lässt sie auf einem Sieb abtropfen. Die Lauben sind sofort genussfertig. In derselben Lake (Sud) können mehrere Chargen Fische gekocht werden – der Geschmack wird mit jedem Mal intensiver bzw. besser.

Saure Fische

Die Fische (Rußnasen, Brachsen, Lauben) werden zuerst abgeschuppt, ausgenommen und geschröpft, dann leicht eingesalzen. Anschließend werden sie ohne Mehl mit Speisefett in einer Pfanne gebraten. Danach gibt man die ausgekühlten Fische in Schichten in ein Steingutgefäß, zwischen die einzelnen Lagen kommen nun wieder Senfkörner, Lorbeerblätter und Zwiebelringe. Auf diese Weise verfährt man nun, bis das Gefäß zu drei Vierteln gefüllt ist. Dann wird eine 5%ige Essiglake aufgekocht (evtl. einige Lorbeerblätter zugeben). Mit der abgekühlten Lake füllt man das Gefäß dann bis zum Rand auf und gibt noch 1 EL Speiseöl dazu. Die Fische sind schon nach wenigen Stunden genussfertig. Sie sollten aber nicht länger als 8 Tage aufbewahrt werden.

HINWEIS! Variation

Nach einem ähnlichen Rezept werden beispielsweise die Seelauben am Traunsee, die als Beifang beim Renkenfang ins Netz gehen, verarbeitet. Monika Trawöger aus Altmünster zaubert aus diesen karpfenartigen Kleinfischen echte Delikatessen.

Saure Fische ... schon nach wenigen Stunden genussfertig

FORELLENKAVIAR

Die frischen Eier von Forellen, Saiblingen, Renken (Achtung: nicht von Barben, die sind giftig!!!) lassen sich sehr gut zu „Kaviar“ verarbeiten. Man nimmt dazu die frisch abgestreiften oder beim Fischausnehmen anfallenden Fischeier und füllt sie nach gründlichem Abspülen mit kaltem Trinkwasser in ein Gefäß. Danach gibt man Speisesalz im Verhältnis 1 : 10 dazu und lässt das Ganze über Nacht im Kühlschrank stehen – und fertig ist der Forellenkaviar, der mir übrigens besser schmeckt als jeder Kaviarersatz.

Eine besondere Delikatesse: Kaviar vom Kärntner Saibling

REZEPTE

IDEEN FÜR RÄUCHERFISCHE

■ RÄUCHERKARPFENMOUSSE IM STRUDELTEIG

500 g Räucherkarpfen
Butter
5 cl Sherry
250 ml Fischsud (Suppe)
675 ml Schlagobers (Sahne)
4 bis 5 Blatt Gelatine
Strudelteigblätter
Dill

Den Räucherkarpfen enthäuten und filetieren, Gräten und Haut in etwas Butter andünsten. Nachdem man mit Sherry abgelöscht hat, kurz einkochen lassen und mit Fischsuppe aufgießen. Der Sud soll etwas durchkochen.

Ca. 125 ml davon abseihen, 375 ml Schlagobers und die Filets dazugeben, kurz aufkochen lassen.

Mit der eingeweichten und gut ausgedrückten Gelatine kommt der Fischsud nun für 2 bis 3 Minuten in den Turmmixer (man kann auch mit einem Stabmixer arbeiten). Abseihen und abkühlen lassen, bis die Masse zu stocken beginnt.

250 ml halb steif geschlagenes Schlagobers unter die Karpfenmasse rühren und kalt stellen.

Mit dem Dressiersack das Räucherkarpfenmousse dann in die in Öl gebackenen Strudeltaschen füllen. Diese noch mit Dillzweigen garnieren und mit Salat servieren.

■ RÄUCHERFORELLENMOUSSE VOM KÄRNTNA LÅXN

Gabi Hofer verrät uns ihre Rezepte für den „Kärntner Låxn“ aus der Fischzucht Feld am See. Beim „Kärntner Låxn“ handelt es sich übrigens um die edle Seeforelle, die früher in den Kärntner Seen häufig vorkam, dann aber fast verschwunden ist.

Dank einiger engagierter Fischzüchter ist dieser ausgezeichnete Speisefisch heute wieder erhältlich und wird von Kennern besonders geschätzt. Die Nachfrage ist meist größer als das Angebot.

Räucherforellenmousse vom Kärntna Låxn (rechts oben)

4 geräucherte Filets vom Kärntna Låxn, ohne Haut (ca. 250–300 g)
¾ Becher Sauerrahm (saure Sahne oder Schmand)
2 EL Crème fraîche
Zitronensaft, Salz
Zitronenpfeffer, Kren (Meerrettich)

Die Filets mit dem Fleischwolf oder dem Cutter zerkleinern und in eine Schüssel geben. Die restlichen Zutaten beifügen und mit dem Mixer kräftig durchrühren.

Die genaue Menge an Sauerrahm und Crème fraîche richtet sich nach der Konsistenz der Fischfilets (das Mousse sollte cremig, aber nicht zu flüssig sein).

■ RÄUCHERFISCHSUPPE

1 Räucherfisch (Forelle, Karpfen, Schleie ...)
Butter
1 ½ l Suppe (Fisch- oder Rindsuppe)
500 ml Schlagobers (Sahne)
Salz, Pfeffer

Zunächst muss man den Räucherfisch häuten und filetieren. Die „Abfälle", also Kopf, Haut und Gräten, werden kurz in etwas Butter angedünstet, dann mit Suppe aufgegossen und ca. 20 bis 30 Minuten durchgekocht. Den Fischsud abseihen und mit Schlagobers verfeinern. Ein Teil der Räucherfischfilets wird in die Suppe eingemixt (Stabmixer), der restliche Fisch wird in mundgerechte Stücke zerkleinert und als Einlage zurückbehalten. Mit Salz und Pfeffer abschmecken, mit den Räucherfischstückchen garnieren und mit Weißbrot servieren.

FISCHRAGOUT

400 g Räucherfisch
2 Zwiebeln
3 Karotten
1 Stange Lauch
Butter
1 EL Mehl
4 Tomaten
125 ml Hühnersuppe
Salz
Worcestershire-Sauce
Zitronensaft

Die Zwiebeln und Karotten schälen und würfeln, den Lauch in feine Streifen schneiden und alles in der Butter ca. 5 Minuten dünsten.

Mit Mehl bestäuben und die gehäuteten und klein geschnittenen Tomaten dazugeben. Mit der Suppe aufgießen und nochmals 5 Minuten bei schwacher Hitze kochen.

In der Zwischenzeit den Räucherfisch entgräten und in mundgerechte Stücke zerteilen. Den Fisch in das Ragout geben und mit Salz, Worcestershire-Sauce und Zitronensaft abschmecken.

FEINE RÄUCHERFISCHSUPPE

1 geräucherte Renke oder Forelle
2 Tomaten
1 Zwiebel
Butter
ca. 100 g Champignons (auch Dosenchampignons möglich)
Petersilie, Schnittlauch, Dill
750 ml Fleischsuppe
Zitronensaft
Salz, Pfeffer
Worcestershire-Sauce
Weißwein

Die Renke wird filetiert und in kleine Stücke geschnitten. Tomaten schälen und würfeln, Zwiebel und Champignons in kleine Streifen schneiden, Kräuter fein hacken. Zwiebel und Champignons werden kurz glasig gedünstet und mit Suppe aufgegossen. Tomaten- und Fischstückchen dazugeben, kurz aufkochen lassen. Kräuter hinzufügen und dann mit Salz, Pfeffer, Zitronensaft, Weißwein und der Worcestershire-Sauce abschmecken.

STÖRROLLE HEISSGERÄUCHERT

Eine besonders beliebte Spezialität von Walter Grüll sind seine geräucherten Störrollen. Freundlicherweise verrät er uns sein spezielles Rezept dazu.

Im elastischen Schinkennetz lassen sich Störfilets perfekt heiß räuchern.

Idealerweise verwendet man dazu den im Handel leicht erhältlichen Sibirischen Stör (*Acipenser baerii*). Entweder man kauft diesen Fisch im Ganzen und filetiert ihn selbst oder man besorgt sich gleich die geschnittenen Filets. Wichtig ist, dass die Filets enthäutet werden, bevor sie für etwa 10–12 Stunden in eine 8- bis 10%ige Salzlake mit geschrotetem Wacholder und etwas Cayennepfeffer kommen. Nach dem Abspülen mit sauberem Wasser werden die Filets der Länge nach zusammengerollt und in ein passendes Polocalrohr gesteckt. Über dieses Rohr streift man vorher ein im Fleischereifachhandel erhältliches Schinkennetz.

Mit dem Kunststoffrohr lassen sich Fischfilets problemlos in das Schinkennetz befördern.

Anschließend braucht man nur mehr das Rohr aus dem Netz ziehen. In der Zwischenzeit kann man den Räucherofen auf etwa 80 °C vorheizen und die Störrollen etwa 30 Minuten bei gleichbleibender Temperatur garen. Um den Filets ein intensives Raucharoma zu verleihen, empfiehlt sich noch eine Räucherphase mit etwa 30 Minuten bei ca. 60 °C. Natürlich kann man Störe auch im Ganzen räuchern, sie ergeben eine attraktive Deko für jedes Fischbuffet. Größere Störe sollte man aber in Tranchen oder Koteletts schneiden, um sie zu räuchern.

TIPP! Vom Profi

Störe müssen unbedingt ganz durchgeräuchert sein, sonst ist ihr Fleisch sehr zäh. Auch das Kalträuchern ist bei Stören nicht zu empfehlen.

LACHSROLLE HEISSGERÄUCHERT

Das funktioniert ähnlich wie beim Stör, allerdings wird der Lachs beim Filetieren im Schwanzbereich nicht durchgeschnitten. Die zusammenhängenden Filets werden zuerst in einer ca. 8%igen Salzlake für etwa 8 Stunden eingebeizt. Anschließend werden sie aufgeklappt und auf der Innenseite, also im Bauchraum, mit einer Kräutermischung nach eigenem Geschmack gefüllt. Anschließend werden sie wieder zusammengeklappt und so wie die Störfilets in ein Schinkennetz gesteckt. So vorbereitet kann man die Lachsrollen bequem in den vorgeheizten Räucherofen hängen. Dort bleiben sie bei 80–90 °C etwa 30 Minuten. Um dem Lachs ein intensives Raucharoma zu verpassen, empfehle ich nochmals 30–45 Minuten bei 50–60 °C.

MATJESHERING SELBST GEMACHT

Grundsätzlich spielt es keine Rolle, ob Sie Ihren Hering beim Berufsfischer vor Ort oder beim Fischhändler Ihres Vertrauens kaufen. In guten Supermärkten gibt's auch gefrostete Doppelfilets vom Hering in guter Qualität. Natürlich lässt sich dieser Fisch auch problemlos mit der Angel fangen, etwa mit speziellen Paternostersystemen (Hegenen). Auf Rügen gleicht die Heringsfischerei mit der Angel einem Volksfest.

Vom Boot, vom Ufer oder von Brücken aus werden die begehrten Silberlinge in großen Stückzahlen gefangen. Die beste Jahreszeit, um sich Heringe für Matjes zu fangen, reicht von Mai bis Anfang Juli. Den Fischen wird in einem Arbeitsgang der Kopf abgeschnitten und die Kiemen und Innereien entnommen. Wer die natürliche Fermentierung zum Matjes bevorzugt, sollte die Bauchspeicheldrüse (in der Praxis ist das der ganze Magen) im Fisch zu belassen. Anschließend werden die Fische zum Reifen etwa 8 Tage in einer milden Salzlake (etwa 50 g/Liter Wasser) eingelegt.

Zur Heringssaison lassen sich auch mit der Angel problemlos ausreichend Heringe fangen.

Eine andere Variante ist, Heringsfilets in eine Salzlake mit etwas Matjesreifer (eine Kombi aus Konservierungsstoffen und Pflanzenenzymen), die die Fermentierung der Heringe herbeiführen, zu geben. Dazu kann man eine kräftigere Konzentration (etwa 80 g/Liter) verwenden, allerdings sollte man einmal täglich umrühren oder das Gefäß (verschließbare

Plastikdose) schütteln, um eine gleichmäßige Fermentierung zu gewährleisten. Wichtig ist auch, dass den Heringen die Haut abgezogen wird: Das kann man entweder gleich nach dem Fang oder besser noch nach etwa 2 Tagen in der Salzlake bzw. im Matjesreifer machen. Nach weiteren 3–4 Tagen ist der Matjes dann fast fertig.

Er wird aus der Lake genommen und mit Trinkwasser abgespült, erst dann landet er in einem Gefäß mit Pflanzenöl. Jetzt kann man noch nach Belieben Zwiebeln, Knoblauch, Pfeffer, Wacholderbeeren, Lorbeerblätter und etwas Pfeffer hinzufügen. Die Filets nehmen in diesem „Ölbad" nun nach und nach auch den Geschmack der Beilagen an und können kühl gelagert und gut mit Öl bedeckt über mehrere Wochen genossen werden. Am besten schmecken sie natürlich frisch, man kann sie aber vor dem Ölbad auch einfrieren: Dadurch wird ihr Fleisch noch zarter und man kann sie lange lagern. Idealerweise haben Heringe, die zu Matjes verarbeitet werden sollen, noch keine Gonaden, also Rogen- und Milchstränge, angesetzt.

FRÜHLINGSPFANNE

250 g Räucherfisch
150 g tiefgekühltes Gemüse
Butter
1 Schuss Suppe (oder Wasser)
Salz
Curry
4 Eier
Schnittlauch, Petersilie

Das Gemüse bei schwacher Hitze in Butter und einem Schuss Suppe (Wasser) ungefähr 10 Minuten garen. In der Zwischenzeit den Räucherfisch sorgfältig entgräten und in gabelfreundliche Stücke zerteilen. Salz, Curry und Eier gut verrühren, über das mittlerweile gedünstete Gemüse gießen und die gehackten Kräuter einstreuen.

Die Fischstücke auf der Eimasse verteilen, welche langsam in der Pfanne zu stocken beginnt. Man muss stets darauf achten, dass sich nichts am Boden festsetzt.

Die Frühlingspfanne mit frischem Brot servieren.

RÄUCHERFORELLENFILET MIT KARTOFFELN

4 geräucherte Forellenfilets ohne Haut
4 mittlere, gekochte Kartoffeln
Butter
Salz, Pfeffer, frische Petersilie

Die Kartoffeln schälen und in ½ cm dicke Scheiben schneiden. In einer Pfanne Butter schmelzen und die Kartoffelscheiben darin anrösten. Würzen.

Die Räucherforellenfilets dazugeben und mitrösten, bis sie durchgewärmt sind.

Auf einem Teller anrichten, die Kartoffeln mit frischer, gehackter Petersilie bestreuen und mit Kräutersauce (siehe Rezept S. 160) servieren.

RÄUCHERAAL MIT BLANCHIERTEM GEMÜSE

500 g Räucheraal
4 Karotten
3 Petersilienwurzeln
1 Stange Lauch
2 rote Zwiebeln
Pfeffer
4 EL Essig
4 EL Öl
150 g Sauerrahm (saure Sahne)
Salz
Schnittlauch
geröstetes Weißbrot

Karotten, Pertersilienwurzeln und Lauch in Scheiben schneiden und in Salzwasser blanchieren, aber nicht zu lange, das Gemüse sollte noch etwas Biss haben. Nach dem Abschrecken das Gemüse gut abtropfen lassen.

Den Aal filetieren, in Stücke schneiden und zusammen mit dem Gemüse auf einer Platte dekorativ anrichten.

Die Zwiebelringe auf der Fisch-Gemüse-Mischung verteilen und je nach Geschmack etwas pfeffern.

Für die Sauce Essig, Öl, Sauerrahm und Salz verrühren und über dem Fisch und dem Gemüse verteilen.

Zum Schluss mit feingehacktem Schnittlauch garnieren und den Räucheraal mit geröstetem Weißbrot servieren.

FISCHLAIBCHEN

500 g Räucherfisch
3 Semmeln (Brötchen)
etwas Milch
1 Zwiebel
1 Ei
1 EL Mehl
2 EL Semmelbrösel (Paniermehl)
Salz, Pfeffer
Petersilie
Fett zum Ausbacken

Zunächst das Räucherfischfleisch mit einer Gabel vom Rückgrat lösen und zweimal durch den Fleischwolf drehen (feine Scheibe). Dabei werden auch restliche Gräten gut zerkleinert, so dass man die Fischlaibchen problemlos essen kann.

Die Semmeln in etwas Milch einweichen, die Zwiebel klein schneiden und dann mit der Fischmasse und den restlichen Zutaten vermengen.

Aus dieser Masse Laibchen formen, die in heißem Fett ausgebacken werden.

OBERBAYERISCHER RÄUCHERFISCHSALAT

500 g Räucherforelle (oder anderen Räucherfisch)
4 Gewürzgurken
200 gekochtes Rindfleisch oder Schinken
Delikatessremoulade
Salz, Pfeffer
2 Tomaten
1 gekochtes Ei

Die Fische filetieren, entgräten und dann klein schneiden, ebenso wie die Gurken und das Fleisch (bzw. den Schinken). Mit Remoulade vermischen, salzen, pfeffern und am Schluss mit Tomaten- sowie Eischeiben garnieren.

Als Getränk ist ein Franken-Riesling besonders zu empfehlen.

■ GEBEIZTE LACHSFORELLE, KALT GERÄUCHERT („MIRNOCK-LACHS“)

1 Lachsforelle mit ca. 1,5 kg Lebendgewicht
Zitronensaft
Salz
Zucker
Zitronenpfeffer
Dillspitzen
Öl

Die Lachsforelle ausnehmen und filetieren, die beiden Seiten sauber zuputzen. Mit Zitronensaft beträufeln, mit Salz, etwas Zucker, Zitronenpfeffer und Dill würzen (ca. 1 EL Salz pro Seite, restliche Zutaten nach Geschmack) und mit Öl bepinseln.

Die Seiten mit der Fleischseite zueinander in eine flache Auflaufform legen, mit Folie zudecken und kühl stellen.

Nach 2 Tagen mit einer Pinzette die restlichen Gräten herausziehen und die beiden Filetseiten tauschen (obere nach unten).

Am nächsten Tag die Filetseiten mit der Haut nach oben auf ein sauberes Gitter legen und für ca. 2 Stunden im kalten Rauch (nicht über 25 °C!) liegen lassen. Danach vakuumieren und noch 1–2 Tage gekühlt durchziehen lassen.

Für den Verzehr den „Mirnock-Lachs“ in dünne Scheiben schneiden und mit Weißbrot und einem guten Weiß- oder Roséwein servieren.

GERÄUCHERTE MAKRELE MIT MARINIERTEN PAPRIKASCHOTEN

1 Makrele
1 kleines Stück Zwiebel
1/2 Knoblauchzehe
je 1/2 rote, grüne und gelbe Paprikaschote
1 EL Olivenöl
Saft von 1/2 Zitrone
Salz und Pfeffer
2 Scheiben Vollwerttoast

Die Makrele filetieren und die Haut für die Garnitur beiseitegeben. Die Makrelenfilets vorsichtig entgräten und in je 2 Stücke teilen.

Die Zwiebel und den Knoblauch schälen und sehr fein schneiden. Die Paprikaschoten waschen, putzen und in dünne Streifen schneiden.

Mit Öl und Zitronensaft, Zwiebel, Knoblauch, Salz und Pfeffer vermengen und einige Zeit ziehen lassen.

Die Toastbrotscheiben toasten.

Die Makrelenfilets auf kalten Tellern arrangieren und die Paprikastreifen dazu anrichten. Die Toastbrotscheiben halbieren und mit den Makrelenfilets servieren.

CURRY-RÄUCHERFISCHSALAT

800 g Räucherfisch
1 Apfel
3 Tomaten
2 Gewürzgurken
3 EL Mayonnaise
125 ml Schlagobers (Sahne)
Curry, Salz, Pfeffer
Kopfsalatblätter

Die Fische filetieren und in kleine Stücke schneiden.

Apfel, Tomaten und Gurken ebenfalls zerkleinern und mit den Fischstückchen vermischen. Aus Mayonnaise, Schlagobers, Curry, Salz und Pfeffer eine pikante Sauce anrühren und mit den anderen Zutaten vermengen.

Den Räucherfischsalat auf Kopfsalatblättern anrichten und am besten mit einem trockenen Wein servieren.

FORELLENFILETS „KÖNIGIN ART"

250 g geräucherte Forellenfilets
1 kl. Dose Spargel
1 kl. Dose Champignons
100 g Schlagobers (Sahne)
150 g Salatmayonnaise
Pfeffer, Salz
Dill
Worcestershire-Sauce

Die Filets in mundgerechte Stückchen zerteilen.

Spargel und Champignons abtropfen lassen und ebenfalls in Stücke schneiden. Alle Zutaten dann in das geschlagene Schlagobers einrühren. Würzen und sofort servieren.

GERÄUCHERTE FORELLENFILETS AUF BLATTSALAT

2 Räucherforellen
100 g Friséesalat
100 g Radicchiosalat
100 g Kopfsalat
Estragonessig
Traubenkernöl
Salz, Pfeffer
250 ml Crème fraîche
250 ml Joghurt
Zitronensaft
2 EL Oberskren
3 cl Orangenlikör
Zucker, Cayennepfeffer
Dill

Die Blattsalate in mundgerechte Stücke zerpflücken und dekorativ anrichten. Mit Estragonessig und Traubenkernöl beträufeln, salzen und pfeffern.

Die Räucherfische filetieren und auf den Salat legen.

Für die Marinade Crème fraîche, Joghurt, Zitronensaft, Oberskren und Orangenlikör schaumig schlagen. Mit Salz, Pfeffer, Zucker und Cayennepfeffer würzen und die Marinade auf den Forellenfilets verteilen.

Den Salat noch mit etwas Dill garnieren und dann sofort servieren.

FORELLE IN RIESLINGASPIK

3 Räucherforellen
1 Tomate
Lorbeerblätter
Wacholderbeeren
250 ml Riesling
250 ml Suppe
250 ml Wasser mit Zitronensaft
9 Blatt eingeweichte Gelatine
125 ml Joghurt (oder Crème fraîche)
Remoulade
Schnittlauch, Dill
Salz
eventuell etwas Knoblauch

Die Fische filetieren, enthäuten und auf einer Platte anordnen. Mit Tomatenscheiben, Lorbeerblättern und Wacholderbeeren dekorativ garnieren.

Für die Aspikflüssigkeit Riesling, Suppe, Wasser und den Zitronensaft erwärmen (nicht kochen) und mit der Gelatine vermengen. Das Aspik über die Filets gießen und auskühlen lassen.

Aus Joghurt, Remoulade und den feingehackten Kräutern eine Sauce anrühren und mit Salz abschmecken.

Als passendes Getränk hierzu empfiehlt sich besonders ein trockener Riesling.

RÄUCHERFISCHAUFSTRICH

500 g Räucherfisch
350 g Gervais
Salz, Pfeffer
1 TL Worcestershire-Sauce
eventuell etwas Lachsersatz (Seelachsschnitzel) zum Einfärben

Das Räucherfischfleisch mit einer Gabel vom Rückgrat lösen und zweimal durch den Fleischwolf drehen.

Dann den Gervais zur Fischmasse geben und gut mixen. Mit Salz, Pfeffer und Worcestershire-Sauce je nach Geschmack würzen.

Um eine schöne orange Farbe zu erhalten, kann man etwas Lachsersatz hinzufügen. Nochmals mixen und den Aufstrich mit frischem Brot servieren.

RÄUCHERFORELLENAUFSTRICH NACH ROSEMARIE HARTL

4 Räucherforellenfilets
125 ml Sauerrahm (saure Sahne)
1 Bund Schnittlauch
Zitronensaft
Salz, Pfeffer
Zitronenscheiben, Dillzweige

Die Filets häuten und in kleine Stücke zerteilen, den gerührten Sauerrahm sowie den gehackten Schnittlauch beigeben und mit den restlichen Zutaten abschmecken.

Zum Servieren kann man mit zwei großen Löffeln Nockerln formen und den Aufstrich mit Zitronenscheiben und Dillzweigen garnieren.

GERÄUCHERTE HEILBUTTFILETS MIT BUNTEM PFEFFER AUF GURKENCARPACCIO

2 geräucherte Heilbuttfilets
1 TL bunter Pfeffer, geschrotet
1/2 Salatgurke
1 Karotte
2 EL weißer Balsamico-Essig
1 EL Olivenöl
Salz und Pfeffer

Die Heilbuttfilets mit buntem Pfeffer bestreuen, gut andrücken und 10 Minuten ziehen lassen.

Die Salatgurke waschen und in dünne Scheiben schneiden. Die Karotte schälen und dünne Streifen abschaben. Die restliche Karotte in Scheiben schneiden, kurz blanchieren, im Eiswasser abschrecken und gut abtropfen lassen.

Die Gurkenscheiben mit Essig, Öl, Salz und Pfeffer marinieren und auf kalte Teller legen.

Die Heilbuttfilets schräg aufschneiden, daraufsetzen, mit den Karotten garnieren und mit der restlichen Marinade beträufeln.

LACHSTATAR MIT GEBRATENEM KARTOFFELSTROH

150 g Frühlingszwiebeln
1 Bund Dill
250 g Schenkel Räucherlachs (in Scheiben)
2 Zitronen
1 EL geriebener Kren (Meerrettich)
etwas Salz
frisch gemahlener Pfeffer
1 Becher Crème fraîche (ca. 150 g)
125 ml Joghurt
etwas Zucker
2 große mehlige Kartoffeln
1 TL Mehl
etwas Öl zum Braten

Die Frühlingszwiebeln waschen, putzen und fein hacken, den gewaschenen Dill, bis auf einige Stiele, abzupfen und ebenfalls fein hacken.

Den Lachs sehr fein hacken. Von einer Zitrone die Schale abreiben und 2 EL Saft auspressen.

Den Lachs, Kren, 2 EL gehackten Dill und Frühlingszwiebeln mischen; mit Salz, Pfeffer und 1 EL Zitronensaft würzen.

Crème fraîche, Joghurt und Zitronenschale verrühren, mit Salz, Pfeffer, etwas Zucker und 1 EL Zitronensaft würzen. Die zweite Zitrone in dünne Scheiben schneiden.

Lachstatar (mit Hilfe eines kleinen Ausstechers) auf den Zitronenscheiben anrichten und mit bereitgehaltenem Dill und Zitronendip garniert servieren.

Für das gebratene Kartoffelstroh die Kartoffeln schälen, fein raspeln, mit Salz, Pfeffer und Mehl vermengen und in einer Pfanne mit etwas Öl braten.

RENKENAUFSTRICH

100 g geräuchertes Renkenfilet
2 Zwiebeln
etwas Butter zum Braten
70 g Butter
1 Ei
2 EL frische Majoranblätter
1 TL Kapern
Senf, Zitronensaft, Pfeffer
Frühlingszwiebeln
Kräuter zum Garnieren

Die Renkenfilets enthäuten und in Streifen schneiden.

Die Zwiebeln klein schneiden, mit etwas Butter anglasen und auskühlen lassen.

Die kalte Butter in Würfel schneiden und zusammen mit dem hartgekochten, gehackten Ei, den Zwiebeln, Majoranblättern und Kapern zu den Fischstreifen gegeben. Die gesamte Mischung kommt dann in die Küchenmaschine und wird so lange zerkleinert, bis eine weiche Creme entstanden ist. Mit etwas Senf, Zitronensaft und Pfeffer abschmecken und auf kleine geröstete Brotscheiben streichen.

Die Brötchen mit Frühlingszwiebeln und feingeschnittenen Kräutern garnieren und zum Aperitif servieren.

RÄUCHERFORELLENPASTETE NACH ROSEMARIE HARTL

6 Räucherforellenfilets
150 g Butter
Salz, Pfeffer
1 Bund Petersilie
2 gekochte Eier
Cocktailtomaten, Dill

Zunächst die gehäuteten Filets in der Moulinette gut zerkleinern.

Die Butter schaumig rühren und das Fischmousse beigeben, mit Salz und Pfeffer abschmecken.

Eine kleine Kastenform mit Frischhaltefolie auslegen und die Hälfte der Masse hineinfüllen. Mit Petersilienblättern belegen und das in Scheiben geschnittene Ei darauflegen.

Dann den Rest der Masse in die Form füllen und für 2 Stunden in den Kühlschrank stellen.

Anschließend die Pastete in etwa 1 cm dicke Stücke schneiden und die Scheiben mit Cocktailtomaten und Dill garnieren.

SAUCEN, DIE ZU FISCH PASSEN

Man kann den geräucherten Fisch natürlich auch mit verschiedensten Saucen genießen. Dazu einige Saucen-Rezepte:

OBERSKREN

180 ml Schlagobers (Sahne)
1 Zwiebel
4 EL geriebener Kren (Meerrettich)
Salz, Zucker, Muskat
Zitronensaft

In das gut geschlagene Schlagobers die geriebene Zwiebel und den Kren einrühren. Anschließend mit Salz, Zucker, Muskat und Zitronensaft abschmecken.

KRENSAUCE

1 Apfel
Kren (Meerrettich)
100 ml Schlagobers (Sahne)
Salz

Apfel und Kren fein reiben und in das geschlagene Schlagobers einrühren. Je nach Geschmack salzen und zum Räucherfisch servieren.

KRÄUTERSAUCE

Petersilie, Schnittlauch
Sauerrahm (saure Sahne)
Salz
Knoblauch

Petersilie und Schnittlauch fein hacken, die Zutaten vermischen und mit gepressten Knoblauchzehen nach Geschmack abrunden.

Passt hervorragend zu allen gegrillten Fischgerichten.

SENF-DILL-SAUCE

2 EL Senf
3 EL Olivenöl
1 EL Zitronensaft
1 TL Zucker
Pfeffer
Dill
Sauerrahm

Zuerst Senf und Öl verrühren, dann den Zitronensaft, die Gewürze und den kleingehackten Dill beifügen.

Den Sauerrahm etwas aufschlagen und mit der Senfmischung zu einer dickflüssigen Sauce verrühren.

MAYONNAISE

3 Eidotter
ca. 250 ml Öl
Schnittlauch
Senf
4 EL Weißweinessig
Salz, Pfeffer

Aus den Dottern und dem Öl die Mayonnaise schlagen: Dafür die Dotter zunächst mit dem Mixer „hellgelb“ schlagen, dann tröpfchenweise das Öl dazugeben. Nach und nach kann immer mehr Öl auf einmal in die Mayonnaise gegeben werden, bis schließlich eine steife Masse entstanden ist.

Feingehackten Schnittlauch dazugeben und mit Senf, Essig, Salz und Pfeffer abschmecken.

SAUCE TATAR

3 Eidotter
ca. 250 ml Öl
4 EL Weinessig
4 EL feingehackte Zwiebeln
4 EL feingehackte Cornichons
1 EL feingehackte Kapern
2 hartgekochte Eier, kleingehackt
1 Bund gehackter Schnittlauch
3 EL gehackte Petersilie
Salz, Pfeffer

Aus den Dottern und dem Öl eine Mayonnaise schlagen (siehe voriges Rezept).

Die übrigen Zutaten hineingeben, verrühren und je nach Geschmack mit Salz und Pfeffer abschmecken.

SENFSAUCE

2 Eidotter
Zitronensaft
2 EL Dijonsenf
250 ml Öl
4 EL Schlagobers (Sahne)
Petersilie
Salz, Pfeffer

Dotter, Zitronensaft und Senf gut verrühren, dann unter langsamer Zugabe des Öls eine Mayonnaise mixen (siehe oben).
Schlagobers und gehackte Petersilie unterrühren und mit Salz und Pfeffer je nach Geschmack würzen.

KETCHUPSAUCE

ca. 5–6 EL Ketchup
125 ml Sauerrahm (saure Sahne)

Je nach Geschmack einige Löffel Ketchup zum Sauerrahm geben und gut verrühren.

SCHNITTLAUCHSAUCE

2 Eidotter
ca. 250 ml Öl
6 Essiggurken
Essiggurkenessig
2 Bund Schnittlauch
süßer Senf, Salz

Aus den Dottern und dem Öl wie oben eine Mayonnaise schlagen.

Dann die feingehackten Essiggurken, etwas von dem Gurkenessig sowie den gehackten Schnittlauch dazugeben. Mit Senf und Salz je nach Geschmack würzen.

PETERSILIEN-KAPERN-SAUCE

2 Eidotter
ca. 250 ml Öl
5 Essiggurken
Kapern
1 Bund Petersilie
Sardellenpaste
Essiggurkenessig
süßer Senf, Salz

Aus den Dottern und dem Öl wieder wie oben eine Mayonnaise schlagen.

Gurken, Kapern und Petersilie fein hacken und einrühren, anschließend mit Sardellenpaste, Gurkenessig, Senf und Salz abschmecken.

KONTAKTE

WEITERBILDUNG FÜR LERNWILLIGE

Spofize, Spontanfischzentrum Werndorf
FM Helfried Reimoser
Räucherkurse direkt am Wasser, verschiedene Fischarten und Räucheröfen inkl. Verkostung
Tel.: +43 (0) 676 3413006
E-Mail: helfried.reimoser@gmail.com
Web: www.spontanfischzentrum.at

FM Andreas Nägler
Räucher- und Grillkurse für Fische in stimmungsvollem Ambiente, inkl. Theorie, Praxis, Räucherbuch, Urkunde und Verkostung
Tel.: +43 (0) 664 1252681
E-Mail: a.naegler@kabsi.at
Web: www.fischgenuss.at

VERZEICHNIS VON FIRMEN, DIE RÄUCHERGERÄTE BZW. ZUBEHÖR FÜRS RÄUCHERN HERSTELLEN

Finnwerk GmbH
Patrik Powalowski
Spezialist für Feuerschalen, echt finnische Flammlachsbretter, Räucheröfen und Grillzubehör, Tundra Grill, Muurikka Outdoor im finnischen Stil

Adelhauser Straße 19
79098 Freiburg im Breisgau

Tel.: +49 (0) 761 429 922 00
E-Mail: info@finnwerk.de
Web: www.finnwerk.de

FAIE Handelsgesellschaft mit beschränkter Haftung
Große Auswahl an Räucheröfen, Räucher-, und Grillzubehör, Räuchermehle, Kaltrauchgeneratoren

Handelsstraße 9
4844 Regau

Tel.: +43 (0) 7672 716-0
Fax: +43 (0) 7672 716-34
E-Mail: info@faie.at
Web: www.faie.at

Fa. Jenzi
Marcus Jensen
Ausgezeichnete Räucherlauge, Räuchermehl, diverse Gewürze, Kleinräuchergeräte. Die Produkte der Fa. Jenzi sind auch überall im Angelgerätefachhandel erhältlich.

Wilhelm-Bahmüller-Straße 53
73655 Plüderhausen

Tel.: +49 (0) 7181 9887-0
E-Mail: info@jenzi.com
Web: www.jenzi.com

Fa. Hans Grassl GmbH
Gesamte Palette von Klein- bis Großräuchergeräten, Grillgeräten, Raucherzeugern; alles Erdenkliche Zubehör zum Räuchern sowie Fischereibedarf.

Waldhauserstraße 8
83471 Schönau am Königssee

Tel.: +49 (0) 8652 3192
E-Mail: sales@hans-grassl.de
Web: www.hans-grassl.de

Fa. Bernhard Feldmann
Spezielle Kleinräucher- und Grillgeräte, spezielle Gewürzgrillkohle, diverse Räucher- und Grillgewürze, Räuchermehl

Willscheidweg 4
57413 Finnentrop-Fretter

Tel.: +49 (0) 2724 277
E-Mail: raeuchern@gmx.de
Web: www.raeucherofen.de

Salinen Austria GmbH
Spezielles Grobsalz, ideal zum Einsuren (Nasssalzen) von Fischen. Erhältlich im guten Lebensmittelhandel.

Steinkogelstraße 30
4802 Ebensee

Tel.: +43 (0) 6132 200 0
E-Mail: info@salinen.com
Web: www.salinen.com

Aus unserem Programm

ISBN 978-3-7020-1143-7

ISBN 978-3-7020-1770-5